買った後を想像させれば

誰でもこんなに売れる！

Anyone can sell this much
by making people recollect this
after purchase !

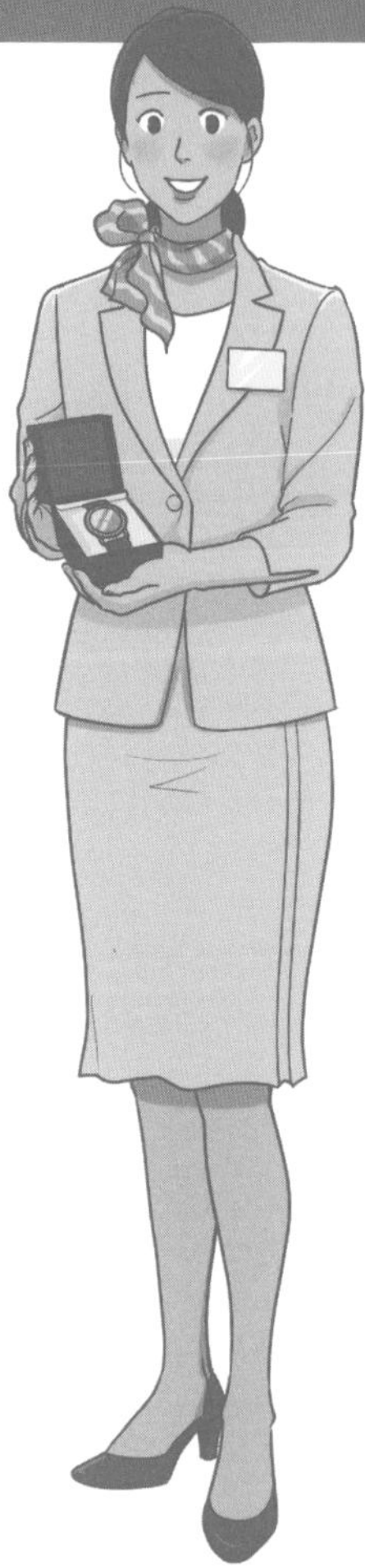

坂本 りゅういち

同文舘出版

はじめに

あなたは、接客販売という仕事が好きですか？

今になって、ようやく私は、「大好きです！」と答えられるようになりました。お客様を接客して、よい提案をして、商品を買っていただいて、さらには、「ありがとう」とまで言ってもらえる、とても素敵な仕事だと思っています。

ただそれも、「売れるようになって、ようやく」というのが本音です。

というのも、九州の福岡の地で、接客販売というアルバイトを始めたばかりの19歳の頃、私は、接客販売が大嫌いだったからです。

その理由はとてもわかりやすくて、どうやって売ればいいのか、がさっぱりわからなかったからです。

知識もなければ、やる気もない、販売を始めたばかりの私は、お客様にどんな声をかければいいのかもわからず、何をどう提案していいのかもわからず、初めのうちは、本当にさっぱり商品が売れませんでした。

今でも忘れられませんが、アパレルショップで店頭に立つことになった私には、最初の月、１００万円という予算が設定されました。ですが、何もわからない私は、初月が終わった時、半分も売ることができなかったのです。周囲の人たちが、何百万円という金額を売っている中で、50万円すら売り上げられないにもかかわらず、「別にいいか」と、やる気を出すこともありませんでした。

ただその後、一念発起する機会に恵まれます。

当時上司だったリーダーの方がいたのですが、その方から、「今のままでいいのか？」と言われたことがきっかけでした。

「知識もなければ、やる気もない。そんな状態のままダラダラバイトして、家に帰って。それで楽しいか？」と言われたのです。

まだ10代だった私でも、それがどんなに情けないことかはわかりました。

その言葉から、「そこまで言われるなら、もう少しがんばってみよう」と奮起して、私は、周囲の上司や先輩や同期の人たちから、いろいろなことを教わりました。

そのかいあって、しばらく後には、多くの人数が在籍していた店の中で、アルバイトとして売上ランキング上位に入賞したり、セール時期にはＭＶＰをいただいたりと、評価をしていただけるようになりました。

このあたりから、ようやく「販売って楽しいかもしれない」と思えるようになってきたのです。


その後も、いろいろな転機がありましたが、今にして思うことがあります。


最初、アルバイトとして販売を始めたときに、今の知識や経験や考え方を持てていたらどうだったのだろうか。

もしそのときに、今のような感覚が持てていたとしたら、もっともっと接客販売を楽しめていて、もっともっと売上げも上がっていたのではないだろうか。

そう感じてしまうのです。

だからこそ、この本を書きたいと思いました。

19歳の頃、お客様に話しかけることすら、嫌で嫌で仕方がなかった頃の自分に。

23歳の頃、接客販売という道でいろいろなことができるようになった中で、一歩抜け出すために何が必要なのかがわからなかった頃の自分に、この本を読んでもらいたいと思い書いたのです。

同じような思いをしているような人たちが、この本を読んで、もっと接客販売を楽しみ、売上げを上げられるようになってくれたら、こんなにうれしいことはありません。

この本の中では、いわゆる接客販売のテクニック的なことも書いてはいますが、それ以上に、最も大事な、「お客様に何を売るのか?」という本質的な部分について、くわしく書いています。

これが理解できているのと、そうでないのとでは、お客様への接し方も、そして、販売員が最も関心を持つ、売上げも大きく変わってくるからです。

このことはまた、私が数多くの商品を販売してきた中で、絶対にこれだけは変わらないと痛感していることでもあります。

今、接客販売という道で、少しでも悩みを抱えているなら、少しでも状況をよくしたいと思っているのなら、ぜひ本書を隅々まで読んでください。

きっと、今の自分に必要なことが見えてくるはずです。

2020年1月

坂本りゅういち

もくじ◎『買った後を想像させれば　誰でもこんなに売れる！』

2章 未来を提案する準備

3章 未来を提案しよう

4章　チャンスを逃さないために

5章　売り続けられる力を身につけよう

装丁／春日井恵実
装丁イラスト／栗生ゑゐこ
本文ＤＴＰ／マーリンクレイン

序章

お客様が求めているのは、〝商品〟ではなく、〝未来〟

お客様が買いたいものは、商品ではなく、その先の未来？

いきなりですが、ひとつ質問をさせてください。

「**あなたが販売している商品は何ですか？**」

この問いに、あなたはどう答えるでしょうか？

「オシャレなデザイナーズブランドの洋服ですよ」
「主婦に大人気の北欧雑貨です！」
「最近ＳＮＳでも話題の、シンプルな腕時計を販売しています」

おそらくほとんどの方は（商品の違いこそあれ）、このように答えてくれることでしょう。

いいえ、今お答えいただいたことは、もちろんその通りです。実際に販売している商品は、今あなたが答えてくれた商品で間違いありません。お客様は、それらの商品を買うためにお金を支払い、商品を手に入れることになります。

ただこれは、あくまでも物理的な話にすぎません。

ではもうひとつ、別の質問をしてみましょう。

「**あなたが販売する商品を買うことで、お客様にはどんな未来が待っていますか？**」

この問いにあなたは、どのように答えるでしょうか？

- **オシャレなデザイナーズブランドの洋服を買うことで、そのお客様にはどんな未来が待っているか？**
- **主婦に大人気の北欧雑貨を買うことで、そのお客様にはどんな未来が待っているか？**
- **SNSで話題の腕時計を買うことで、そのお客様にはどんな未来が待っているか？**

そうです。

お客様は例外なく、全員がこの、〝**購入後の未来**〟を手に入れるためにお金を支払っているのです。そこに待っている「**体験**」を手に入れたいがために、買い物（＝購買行動）をするのです。

つまり、お客様が本当に求めているもの、買おうとしているもの。それは実は、目に見える〝商品〟そのものではなく、その先にある〝**購入後の未来**〟なのです。

〝購入後の未来〟という言葉だけでは、よく意味がわからないという方もいらっしゃると思いますので、例を出してお話をしていきましょう。

たとえば、あなたもふだん、洋服を買いに行くことがありますよね？

アパレルショップで気になる洋服を見つけたら、「この洋服欲しいなぁ」と思いながら、鏡の前で当ててみたり、試着室で試着をしてみたりと、あなたは悩みます。ですがこのとき、洋服そのものがほしいと思って、購入を悩む人はいません。どんな人でも例外なく（知らず知らずのうちに）、その先の未来を想像して、買うかどうかを悩んでいるからです。

例にあげた洋服という商品は、買って終わりではありません。基本的には、買ったら「着る」という行為がセットになっています。そして、その洋服を着て、どこかへ「出かける」、人に「見られる」、誰かに「会う」という体験が伴います。

洋服を着て行った先では、歩いていてすれ違った人が、「なんだか素敵」と、振り返ってくれるかもしれないし、「お！　その服似合うね！」と言ってくれる彼氏がいるかもしれません。

その状況は人それぞれですが、まさにそれこそがお客様が求めている〝購入後の未来〟なのです。

洋服を買うだけではなく、「その洋服を着てどこへ行こうか」、「その洋服を着て誰と会おうか」という場面までを、頭のどこかで想像しています。

そんな、望む〝購入後の未来〟が手に入ると確信ができれば、人はお金を払うし、そんな未来が手に入らなさそうだと感じるのであれば、「今日はやめておこうか」とお金を払うことをためらいます。

私も日頃、買い物をする時は、無意識のうちに、〝購入後の未来〟のことを考えています。新しいジャケットを買おうという時は、自然と、研修先で講義をしている様子を思い浮かべているし、メガネを新しく新調しようという時は、より視界がクリアに見えるようになった景色を思い浮かべています。それらの体験を求めて商品を探しているし、その未来の体験が手に入ると思った時には、思わず買い物をしてしまうのです。

この本を手にしているあなたも、きっと同じはずです。

あなたは、この本のタイトルや表紙に惹かれて、手に取ってくれたのかもしれません。ですがその実は、「もっと売れるようになりたい！」とか、「もっとお客様に信頼されるようになりたい！」という気持ちが心のどこかにあるはずです。

そして、その気持ちの先には、

- **「今よりも売上げが上がって、喜んでいる自分」**
- **「先輩や上司から、「頑張ったね」と褒められている自分」**

物理的には
商品に払う
本質的には
未来に払う

●「お客様がひっきりなしに会いに来てくれる自分」

といった〝購入後の未来〟を想像しています。

だからこそ、この本の表紙を目にして、「ちょっと読んでみようかな」と思っていただいたのではないでしょうか？

これも、「本」という、商品そのものに対してお金を払ってはいるのですが、実際に求めているのは、その先に待っている〝未来〟だということの証明と言えます。

「お客様が買っているのは〝購入後の未来〟！」

購入後に待っている体験を提案できれば、〝どんな商品でも〟売れる！

なぜしきりに、〝購入後の未来〟について私がお伝えしているのか？

それは、この〝購入後の未来〟を、きちんとお客様にご提案することができれば、どんな商品でも売れるという確信が、私にはあるからです。

私は幸いにもこれまで、いろいろな商品の販売を経験させてもらってきました。

初めての接客販売では、大手アパレルショップで洋服の販売を、その後、国産の時計メーカーで時計の販売を、さらにフランスのシューズメーカーで婦人靴の販売を。そして実は、商品販売だけではなく、ストレッチトレーナーという仕事も経験しています。まぁ端的に言ってしまえば、マッサージ師のような仕事です。売っている商品が、ストレッチの施術（お客様にストレッチをする）ということです。そのそれぞれで、個人・店舗を含めて、多くの売上実績を作ってきました。

これらはすべてが、扱っている商品もサービスも違うものばかりです。にもかかわらず、売上げを上げてこられたのは、紛れもなくお客様に、〝購入後の未来〟を提案し続けてきたからなのです。

> 洋服を買えば、どんな未来が待っているか？
> 時計を買えば、どんな未来が手に入るのか？
> 歩きやすくておしゃれな靴を買えば？
> 肩こりを軽減してくれるストレッチを受ければ？

こういった〝購入後の未来〟を、接客したお客様が望む形でご提案することで、お客様は、「じゃあ、それをください」と言ってくれます。つまり、自然と売上げも上がっていくのです。

では、〝購入後の未来〟を具体的にお客様に提案するためには、どんな提案をすればいいのでしょうか？　当然、ここが気になりますよね。

その答えは、実はとても簡単です。

お客様に、**商品を買った後の「体験」をイメージ（想像）させる提案をすること**。これに尽きます。「この商品を購入すれば、こんな体験が待っていますよ」の、「こんな体験」を、明確にお客様にイメージしてもらう提案ということです。

以前、私が時計の販売員をしていた頃、私の知る限り、最もこの「体験」をイメージさせるのが上手なYさんという販売員の方がいました。Yさんは、同じ会社の人なら誰もが、「あの人はすごい」と口を揃えて言うほどのスーパー販売員です。

そんなYさんが、商品を買った後の「体験」を提案して、見事に商品を販売した逸話をご紹介します。

＊＊＊

あるお客様が、店内で最も高額な時計を眺めていた時に、Yさんはそのお客様に、「イタリアはお好きですか？」と聞いたそうです。お客様の着ているお洋服や雰囲気を見るに、そんな好みを感じ取ったのだとか。聞かれたお客様は、やはりイタリアに対する憧れを持っていて、ご旅行も考えていらっしゃいました（この時点でもうすごいのですが　笑）。

そのことを確認したYさんは、お客様がご覧になっていた時計について、こう語り出します。

「でしたら、イタリアに行かれた際には、きっとレストランに行かれますよね。この時計を着けてレストランに行かれれば、よい席に座れますよ」

「？」ですよね。

もちろん、お客様もまだ意味がわかっていません。しかし、Yさんはこう続けます。

「ヨーロッパでは、腕時計の文化が根付いているので、レストランでも、どんな腕時計をしているかを見られます。一目で高級だとわかる時計ならよい席へ、安物をしているとわかれば、それなりの席へ。つまり、着けている腕時計によって、客のランク付けをされてしまうのです。この時計なら（こういう理由で）、よい席へ案内してくれるはずですよ。もしかしたら、シェフが挨拶に来てくれるかもしれませんね」（こういう理由には、商品説明が入っています）

接客を受けたお客様は、当初、まったく買う気がなかったのに、店内で最も高価な腕時計を着けて店を後にしたそうです。

＊　＊　＊

これはまさに、商品を買った後の「体験」をイメージさせる提案と言えます。そのお客様からすれば、大好きなイタリアの街を観光して、たまたま入ったレストランで、景色のよい席で食事ができるかもしれない。そういった体験をしている自分がイメージできたことでしょう。

先ほども申し上げましたが、お客様は常に、（意識的にも、無意識的にも）購入後にどうなりたいかを考えています。「こうなりたいな」「こんな風に使えたらうれしいな」。そういう未来の「体験」を望み、その願いを叶えてくれる、満たしてくれる商品を求めているのです。

そして、どんな商品にも、購入後の「体験」は存在しています。あとは、その「体験」を、いかに販売員であるあなたが提案できるかどうかです。

売れない販売員は、いつまでたっても、誰に対しても、「商品」を売ろうとします。でもそれでは、お客様の購買意欲を、本当の意味で満たすことはできません。

本当にお客様にモノを買ってもらいたいなら、「体験」を売ること。それができれば、あなただって、どんなモノでも売れるようになります。そのための方法を、次章から解説していきますので、どうぞじっくりとお付き合いください。

「お客様に『体験』を売れる販売員になろう!」

1章

正しく接客に入るために

まずは、接客をさせてもらえなければお話にならない！

本書では、お読みいただいているあなたに、どんなものでも売れるための方法を知ってもらい、その方法でお客様と接していただくことで、売上げを上げる、ファンを増やしてもらうことを目的としています。

もし、本当にそうなれたらうれしいですよね？　私も、あなたが売れるようになってくれれば、こんなにうれしいことはありません。

しかし、実は、売れる方法を身につける前に、絶対に欠かせない大事なことをお伝えしておく必要があります。それは、

「そもそも、接客をする機会がなければどうしようもない」ということです。

接客販売の大前提として、モノ（商品）を売るためには、お客様という相手が必要です。

お客様がいなければ、いくら売れる方法があったとしても、売りようがありません。

ですが、その相手であるお客様は、今、接客を受けたがっていない場合がほとんどです。毎日、店頭に立っている方なら、よくおわかりのことと思いますが、お客様に接客に付こうとしても、無視されてしまったり、拒否感を出されてしまったり、すぐにお店を出て行かれてしまうことも多いのではないでしょうか。

以前から、そういうことは当たり前にあった話なのですが、特に昨今は、その傾向が強いように感じます。

私も、ＯＪＴ（オンザ・ジョブ・トレーニング）研修などで、研修先のお店に立ち、販売員の方々と一緒に、接客をさせていただく機会が多くありますが、10年ほど前と比べても、接客を意識的に避けられるお客様が、かなり増えているように感じます。

これについては、多くの議論がなされていますが、最大の問題は、販売員に接客をされると、「売り込まれる」「商品を選びにくい」「買わなければいけない気がする」といった、接客の〝負のイメージ〟を、お客様に与えてしまっていることだと、個人的には感じています。

ですからまずは、そのような〝負のイメージ〟をお客様に与えず、スムーズに接客をさせてもらえるような状況を作らなければなりません。販売員がお客様を接客させてもらえるようにならなければ、売れる方法をいくら身につけていたとしても、それを発揮する場面すら訪れないからです。

では、お客様を接客できる状況を作るために、必要なこととは、どのようなことなのでしょうか。ここについては、商品知識がどうとか、そういう話だけではなく、それ以前に求められる部分があります。

私が、これまで販売をさせてもらってきたお店は、それぞれ商品もサービスも違っていましたが、お客様を接客できる状況を作ることに関しては、ほぼほぼ、どこも同じようなポイントに注意をしておくことで、クリアすることができました。

そういった経験をもとに、本書では、次の6つについて、細かくお伝えをしていきます。

1 第一印象
2 ゼロアプローチ
3 お客様観察
4 ファーストアプローチ
5 基礎の徹底

まずは、人同士のコミュニケーションでも、重要度の高い、「第一印象」。

さらに、お客様の入店を促し、接客をしやすくする、「ゼロアプローチ」と、お客様を接客する前に押さえておきたい「お客様観察」。

また、常に販売員の課題としてあり続け、悩んでしまう人も多い、「ファーストアプローチ」。最後に、どんなお客様にでも対応できるようにするための「基礎の徹底」。

まずは、お客様に商品を販売しようとする前に、これら6つの項目をしっかり理解して、お客様をお迎えする準備が整っていなければ、接客すらさせてもらえない、販売力を持て余すだけの、もったいない販売員になってしまいます。


売れる方法を身につける前に、まずはその準備段階として、正しく接客に入るための方法を身につけておきましょう。

そもそも、接客をさせてもらえなければ、売ることはできない

第一印象を磨いて、接客に入りやすくしよう！

「第一印象」。

販売の世界だけではなく、どんな仕事や業界でも、コミュニケーションにおいて、とても重要視されるものです。

この「第一印象」について、あなたはどれだけ、日頃から意識を高く持ってお店に立っているでしょうか？

おそらく、耳にタコができるほど言われ続けている「第一印象」について、わざわざこんなことを言うのには、当然、大きな理由があります。お客様に販売員が接する前から、すでに接客は始まっているからです。

お客様は、販売員が思っている以上に、販売員のことをよく見ています。じっと観察するようなことはしなくても、その販売員がどんな人か、もっと言えば、信用に値する販売員なのかどうかは、とても気になるわけです。それは内面だけではなく、外面的な部分にも通じています。

簡単に言ってしまえば、パッと見で「何か、この人嫌だな……」と思ってしまうような相手から、接客をされることを望む人はいません。ですから、正しく接客に入るためにも、まずは「第一印象」をよくするということは、必須条件なのです。

「じゃあ具体的に、どんな部分に気をつければいいの？」と思いますよね。

少し話は変わりますが、ひとつ質問をさせてください。

あなたが初めて会う異性がいます。その人が、どんな人だったら、「あ、この人いいな」と思えますか？

実は、初対面で好感度を左右する最大のポイントは「**清潔感**」だと言われています。2018年に、株式会社マンダムが、15歳から29歳の男女を対象にした「初対面の異性に対して、その人にないと好感度が下がるものは何ですか？」という調査の結果でも、男女ともに、「清潔感」が1位となり、清潔感がない＝好感度が下がってしまうということが明らかになりました。同調査では、「初対面の異性に対して、その人にあると好感度が上がるものは何ですか？」という調査もされていますが、こちらも男女ともに、「優しさ・気遣い」についで、「清潔感」が2位に入っています。

販売員が相手にするのは、お客様ですから、必ずしも異性とは限りませんが、どちらにしても、「清潔感」のない状態でお客様と接してしまうと、よい第一印象を与えることができず、敬遠されてしまう恐れがあります。ですから、よりよい第一印象を持ってもらうためにも、「清潔感」を保つことは大切なのです。

では、その「清潔感」をよい状態に保つためには、どうすればいいのでしょうか？

販売員に、特に重視してもらいたいポイントは、**「肌」「髪型」「姿勢」**の3つです。

「肌」に関しては、女性は気をつけている方が多いのですが、男性販売員の中には、まったく無頓着という人も少なくありません。ですが、お客様が異性同性を問わず、何もケアされていない肌の販売員には、清潔感を感じることができません（私も乾燥肌ですので、ものすごく気を遣います）。男性だから恥ずかしいなどと思わずに、ケアをしておくべきポイントです。

同じく、「髪型」にも注意が必要です。たまに、寝癖がついたままの頭で店頭に立っている人を見かけますが（本当にびっくりします）、これも清潔感に影響します。髭なども同じで、手入れされていない、伸びきった髭には、清潔感を感じないものです。

そして、「姿勢」。猫背で、背筋の伸びていないダラッとした姿勢や、足を投げ出したり、何かにもたれかかるような姿勢は、とても見栄えが悪くてカッコ悪いものです。これも清潔感を感じられない要因になってしまうので、注意が必要です。

さらに、もうひとつ。どうしてもお伝えしておかなければいけないことがあります。

それは、「匂い」のことです。

よく接客業では、「香水の匂いに注意しましょう」ということを聞きますよね。強すぎる香水や化粧品の匂いは、お客様を不快にさせるということです。ですが、香水以上に、もっと気をつけなければいけないことがあります。**口臭と体臭**です。

言いにくいことではあるので、この口臭・体臭について、ハッキリ言っている人はあまり多くはありません。ですが、これはもう本当に注意しなければいけない部分なのです。

とても見た目が素敵な人なのに、話をしていたら、口臭が強くてがっかりしてしまった、なんて経験はありませんか？　また、近くに行ってみたら、とても汗臭かったり、タバコ臭かったり、なんてこともあります。

どれだけ他の部分に注意を払っていても、このような「**嫌なにおい**」がしてしまうと、お客様からの印象を一気に下げてしまいます。「匂い」は、なかなか自分では気づけないことでもありますので、ふだんからミントタブレットを口に含むとか、店に出る前には、消臭スプレーで匂いを消すといったケアが大切です。

「この人、臭い！」なんて思われないようにしておきたいですね。

お客様によい印象を与えるためにも、清潔感ある状態を保つこと

“ゼロアプローチ”をマスターしよう！

前項で、「第一印象」の大切さについてはおわかりいただけたと思いますが、私が個人的に、お店に立つ際、必ず意識していることがあります。

それは、**「ゼロアプローチ」**というものです。

「ゼロアプローチ」と言われても、ピンとこないと思います。すみません。実はこれは、私の造語で、3つの要素から成り立つ言葉です。

1 表情
2 挨拶
3 待機姿勢

これら3つを正しく行なうことで、お客様を接客しやすくしましょうというのが、「ゼロアプローチ」の考え方です。

ごぞんじの方がほとんどかと思いますが、接客販売では、よく使われる「ファーストアプローチ」という言葉があります。お客様に一番最初に、お声がけをするアレです。

このファーストアプローチには、「最初に（＝ファースト）、お客様に近づく（＝アプローチ）」という意味があります。販売員側が、対象であるお客様に近づいていくことをそう呼んでいるのです。

しかし、アプローチという言葉には、もうひとつの意味があります。それは、「その場所に至る道」という意味です。「玄関先のアプローチ」という使い方をする時はこちらの意味で、玄関に続くまでの道のことをアプローチと呼びます。

「ゼロアプローチ」の考え方は、ここから転じています。つまり、ファーストアプローチでお客様に近づこうとする前に、お客様がお店に入りやすい、商品に近づきやすい道（アプローチ）を作ることで、接客チャンスを増やしましょう、という考え方です。

この「ゼロアプローチ」をお伝えしているのには、もちろん理由があります。それは、そもそも入りにくい店、商品が見辛い店があるからです。そういうお店では、ほとんどの場合、3つの要素のどこかに問題があります。それを改善することで、お客様は店内に入りやすくなり、接客ができるチャンスも広がっていくのです。

それでは、ひとつずつの要素を解説していきましょう。

1 表情

「ゼロアプローチ」では、常にお客様目線を意識します。その中でも、販売員の表情は、とても重要です。ありがちなパターンなのですが、店内にお客様がいなくて暇なときや、何か作業をしていて、集中しているときなどには、表情が硬くなっていたり、ボーッとして真顔になっていたりすることがあります。しかしこれでは、お客様に与える印象は悪くなり、店に入りづらいと思われてしまう可能性があります。しかし、だからと言って、ずっとニコニコ笑顔でいるわけにもいきませんよね。

これを避けるためには、〝微笑顔《びえがお》〟でいる癖をつけることです（左図）。

〝微笑顔〟とは、ほんの少し、口角（口の端っこ）を上げておくことです。作業中や、何かに集中しているときなどでも、〝微笑顔〟でいることができると、店外を通るお客様からの印象もよい状態を保てます。その表情だけで、お店への入りやすさは全然違うのです。

2 挨拶

「ゼロアプローチ」のふたつ目の要素は、挨拶です。

「いらっしゃいませ」「こんにちは」「こんばんは」など、挨拶そのものの言葉に関しては、お店のスタイルに合わせてもらって構いません。大事なのは、言葉ではなくて、お客様を選

微笑顔　　普通の笑顔

接客をしていない状態では、口角を上げて、目元を柔らかくした微笑顔（左図）で店頭に立つ。
歯が見えるようなニコニコしすぎる状態だと、逆に怖い印象を与えがち（右図）

ばずに言えているかどうかです。

ごくたまに見かけるのですが、売っている販売員は、たとえ目の前を通る人が、自店のターゲット層とは違う人でも、きちんと笑顔で挨拶ができています。これは、誰もがお客様になる可能性がある、と理解できているからです。もし、女性向けの商品しか扱っていないお店でも、男性客がプレゼントを探しに来店されることは当然あります。それがわかっているからこそ、相手を選ばずにきちんと挨拶ができており、入りやすいアプローチづくりができているのです。勝手にお客様を選ばないような挨拶をしていきましょう。

そして、最も重要な3つ目の要素が「待機姿勢」。こちらは、次の項でさらにくわしくご説明します。

微笑顔と挨拶で、お客様が店に入りやすい雰囲気を作る

待ち方を変えてみよう!

「ゼロアプローチ」の中でも、お客様のお店への入りやすさ、商品の見やすさを最も左右するのが、3つ目の「待機姿勢」です。要は、お客様の来店を待っている間の、〝待ち方〟のことです。

お店における「待機姿勢」には、**「静的待機」**と**「動的待機」**の2種類があります。

「静的待機」とは、字の通り、静かに待つことです。百貨店などのイメージが強いかもしれませんが、手を前に組んだまま、その場に立って待っている状態は、まさに静的待機です。カウンターで、パソコン作業をしている人もよく見かけますが、あれも同じく静的待機です。

百貨店に勤務していた頃に知ったのですが、実は、ずいぶん昔の百貨店では、「静的待機でお客様を待ちなさい」という文化があったそうです。当時の販売員は、お客様のご要望をお聞きして動く、御用聞き的な感覚があったようで、いつ何時でも、お客様のご要望に応じて動けるように、待つという文化だったのだそうです。

しかし、それは、まだ今のような買い方や店の選択肢が少なく、また、お客様自身も、情報があまり手に入らなかった時代の話です。今のお客様は、わざわざ販売員に用を伝えなくても、自分で買える選択肢があるし、わからないことがあっても、スマホを使ってその場で調べることができます。そんな現代で、手を前に組んで、お客様の入店を待っていたら、「絶対売り込まれる」と思われて、誰も近寄ってはきません。

現に、私が働いていた百貨店でも、「静的待機はやめましょう」というアナウンスが、毎日されていました。

ということで、「ゼロアプローチ」的な考えでは、接客をするチャンスを増やすためにも、「動的待機」での待機を、全力で推奨しています。

なぜかというと、売っている販売員ほど、じっとしていないからです。それには当然、理由があります。

売っている販売員は、常に店内を動き回っています。単にせわしなくウロウロしているわけではなくて、「仕事をしている」ことが伝わってくる動き方をしているのです。

たとえば、掃除をしているように見えたり、またたとえば、商品の置き場を考えているように見えたり。その時々によって、どんな動き方をしているかは変わるのですが、常に、仕事をしているように見えます。

これが「動的待機」で、一番重要なポイントです。

今のお客様というのは、基本的に、接客されることを避ける傾向があります。もちろん人にもよりますが、大多数の人が、接客をされたいとは思っていません。そうなってしまうのには、「接客＝売り込まれる」という感覚が染み付いているからです。このことについては、後ほど（2章〝売りに行く〟マインドを変えよう！）で記述しますが、いずれにしても、売り込まれそうな販売員がいる店には入りたくないし、近づきたくないのです。

一方で、誰もいない、活気のない店にも、入りにくさを感じてしまいます。「売り込まれたくはないけど、売れていなさそうな店も嫌だ」という、とても難しいバランスを求めているのです。

ですから、仕事をしている販売員がいる店は入りやすいのです。

あなたも経験があるかもしれませんが、販売員が他のお客様を接客しているお店には、何となく入りやすくて、つい足を踏み入れてしまったということはありませんか？　あれもやはり、販売員が仕事中だから、売り込んでこなさそうで、かつ、他のお客が入っている、ちゃんと売れているお店であると、無意識に認識しているからです。

つまりは、たとえ暇だったとしても、「動的待機」で、そこを演出しておくことで、お客様の来店を促すことができるということです。

なので、ふだんからお店に立っているときは、掃除をしているとか、商品の位置を入れ替えてみるとか、動きをつけておくことで、お客様の入りやすい道（＝アプローチ）を作ることができます。

とはいえ、一日店に立っていると、掃除もある程度やり切ってしまったとか、ディスプレイをいじるのにも限界があるとかで、どう動いていればいいかがわからない、という場合もあるでしょう。

そういう方には、とてもシンプルで、誰にでもできるオススメの方法があります。**ペンと書くものを持って動く**ことです。

片手にペンを持ち、片手に書くもの（メモ帳でも、ノートでもバインダーでも、何でもOK）を持って、店内を歩き回るだけでも、お客様からすれば、「仕事をしている」ように見えます。実際のところは、何をしているわけでもないのですが、手持ち無沙汰にしているよりも、何かしらの作業をしているように見えるのです。そうしているだけで、後々のファーストアプローチでも、お客様の警戒心が薄れて、接客に入りやすくなるので、かなりオススメの方法です。ぜひ、店頭で動的待機に困ったら、試してみてください。

ゼロアプローチをマスターして、お客様の入店を増やす

お客様を観察して、情報を手に入れよう！

ここまで、「第一印象」「ゼロアプローチ」とお伝えしてきましたが、これらは、お客様から見て、入りやすい店にしておきましょう、お客様から見て、よい印象をもってもらいましょう、といった部分についての内容です。

ここがクリアできたら、次はいよいよ、本格的な接客に進んでいくのですが、その前に常にできるようになっておいてもらいたいことがあります。

「**お客様観察**」です。接客用語では、「ウォッチング」などと呼ばれることもありますよね。つまり、お客様の見た目や雰囲気を観察して、接客に活かすための行動です。

お客様観察には、大きく分けて、「**見た目観察**」と「**行動観察**」の、2つのポイントがあります。

「見た目観察」は、お客様がどんな方かを判断するのにとても大事な観察です。来店されるお客様が、「どんなタイプの方なのか？」「性別や年齢はどうなのか？」など、パッと見で得られる情報を仕入れるために観察します。

特に、見た目観察からは、お客様の〝好み〟を把握することができます。たとえば、アパレルショップなどでは、お客様の好みのシルエットや色がどんなものかが、ある程度わかっている状態だと、接客を始めやすくなりますよね。必ずしも、見た目からすべての好みを把握できるわけではありませんが、多少なりとも、「こういうものが好きなのかな」という傾向が把握できているだけで、接客をスムーズに進めやすくなることがほとんどなので、重要です。

自店商品を販売する際に、より必要な情報を得られるように、しっかりと観察しておきましょう。

そして、もうひとつの「行動観察」も欠かせません。

「行動観察」では、お客様の行動の様子を観察します。特に注意して見ておきたいポイントは、

- **歩き方**
- **目線**
- **荷物**

です。

まず、歩き方。これは主に、歩くスピードと動線を観察します。

一般的にですが、お客様は、目的のあるなしによって、歩くスピードと動線に変化が起き

ます。明らかに何か探している商品がある場合には、歩くスピードが速くなり、動線も直線的になりやすいのです。逆に、特に目的がない状態の人は、ゆっくりしたペースで、動線も直線的というよりは、いろいろなものを見るために、ウロウロと、曲線的な動きになります。

次に、お客様の目線。

こちらも、歩き方同様、何か目的がある場合とそうでない場合には、違いが出やすいポイントです。目的のものを探している場合には、キョロキョロと探すのですが、そのキョロキョロするスピードも速くなります。また、一瞬でも気になる商品が目に入ると、そこをじっと見てしまうということもあります。お客様の目線をしっかりと観察すると、いろいろな情報が手に入り、接客がしやすくなるのです。

そして荷物。これは、お客様の抱えている荷物のことです。

たとえば、すでに買い物袋を持っているお客様は、他の店でお財布を開いているため、買い物モードに気持ちが切り替わっていることが多く、接客がしやすくなっています。

他にも、バッグを持っておらず、お財布を手に持って移動しているお客様であれば、車でお越しの方も多いので、接客トークの中でもそういった話をすることもできます。

もちろん、これらは、観察の中で得た情報で、あくまでも推測に過ぎないのですが、事前に情報として得ておくことが、後の接客をスムーズにしてくれることが多いのです。

ちなみに、さらに売れる販売員になると、この「お客様観察」のタイミングが変わります。というのも、売れる販売員の観察は、店内にお客様が入ってからではなく、店外を歩いているときから始まるからです。

お客様は、店に入る前に、何かしらに興味を持って入ってこられます。店頭のディスプレイなのか、ブランドの看板なのかはわかりませんが、それらを見て入ってきたり、一直線に自店に向かって入ってくることもあります。それだけで、自店に目的があるかどうかがわかる場合があるのです。店内にお客様が入ってから観察を始めると、なぜ自店に入ってくれたのかまで把握することが難しくなります。

もっと言えば、自店にお客様が入ってから観察を始めていると、声をかけるまでに時間がかかり過ぎてしまったり、お客様が「じっと見られている」と感じてしまって、不快な思いをさせてしまうこともあります。

より高いレベルを目指すなら、店内にお客様が入ってくるもっと前から、お客様観察ができるようになるといいですね。

お客様観察では、見た目と行動で情報を得る

ファーストアプローチでできる「3つのポイント」を意識しよう！

しっかりお客様観察ができたら、ついに、販売員側からお客様へ接触していく「ファーストアプローチ（＝お声かけ）」の段階に進んでいきます。

ただ、このファーストアプローチって、本当に難しいのです。商品をご覧になっているお客様に、「よろしければ、お手に取ってごらんください」「気になる商品があれば、お声がけください」「他のお色もお持ちいたしますよ」など、無数のパターンの言葉の中から選んで声をかける。でも結局、どれが正解なのかなんてわかりません。

だからこそ、そういう時は一度、ファーストアプローチでできることが何なのかを、整理しておくことが大切です。ポイントを整理しておくと、何も考えていないよりは、グッとやりやすくなります。

ファーストアプローチでできることは、主に3つあります。

1 お客様に気づいていることを知らせる

まず、ファーストアプローチをすることによって、お客様に、「あなたのことを認識していますよ」ということを知らせることができます。

お客様は、販売員にロックオンされて、売り込まれることを避ける傾向がありますが、一方で、無視されることもまた嫌います。店内にいるのに、販売員から認識されていないと感じると、それはそれで不快な思いをしてしまうのです。ですから一声かけて、「ちゃんとあなたのことを歓迎していますよ」という意思表示をすることで、お客様に気持ちよく店内を見てもらうことができるのです。

2 販売員に声をかけやすくする

2つ目は、お客様との関係づくりにつながるポイントです。

お客様にファーストアプローチで一声かけることで、お客様と販売員の間に接点が生まれます。実はこれが結構大事なのです。

お客様は、商品を見ていて、疑問が湧いてきたり、質問したくなることがあります。しかし、何も接点のない販売員相手に「すみません」と声をかけて聞くのは、わりとハードルの高いことでもあるのです。

ですが、事前に販売員から一声かけられて、一瞬でも接点ができていれば、「見えない壁」

のようなものが壊され、呼び止めたり、質問がしやすくなります。もちろん、圧迫感を与えないファーストアプローチが大事ですが、お客様からしても、一声かけられることで、販売員との距離感が近くなることは、メリットがあるのです。

そして一番大事な3つ目があります。それがことです。

3 お客様に疑問を抱かせる

先に書いた、「気になる商品があれば〜」「よろしければ〜」のようなフレーズを使ったファーストアプローチが悪いとは言いません。ただ、そういったフレーズを使ったとしても、お客様は何とも思いません。

「よろしければ、お手に取って〜」みたいなことを言われても、「勝手に取って見るから大丈夫だよ」と思いますよね。そういうフレーズを使ったファーストアプローチでは、ここまでにお伝えした、2つの要素しか満たせません。

そこで、「お客様に疑問を抱かせる」ことが必要になってきます。

商品を販売するために大事なのは、商品に対して、いかにお客様から興味を持ってもらうか、そして足を止めてもらうかです。

たとえば、私が時計を売っていた頃の話です。店舗の一角に、高級時計のコーナーがあったのですが、そこを通ってくれたお客様に対して、私は、「ぜひ、この時計の名前を覚えてあげていってください」と、言っていました。

こう言われたお客様からすると、「ん？　どんな名前なんだ？」「何か特別な時計なのかな？」といった疑問が湧いてくるわけです。そうすると気になって、足を止めてくれたり、こちらの話を聞いてくれるようになります。

もしそこで、「ケースからお出しできますので」などと言っていても、「見るだけでいいです」と終わってしまいますよね。あえて、ファーストアプローチで、お客様に疑問を抱かせることで、足を止めてもらったり、次の接客をしやすくすることが可能になるのです。

ファーストアプローチをする時、どんな声のかけ方がよいかは、お客様によって変わりますし、商品によっても変わります。ですが、これら「3つのポイント」を抑えておくことで、どんなファーストアプローチをすればいいかを考えやすくなります。

ファーストアプローチでできることがどんなことなのかを整理してから、実際のアプローチの仕方や、言葉を考えていきましょう。

ファーストアプローチでできる、3つのポイントを知る

ファーストアプローチは3回やろう！

さて、この「ファーストアプローチ」については、苦手意識を持っている販売員の方がたくさんいらっしゃいます。実を言いますと、私が販売員になって、最初に最も苦労した、というか、心が折れそうになったのも、この「ファーストアプローチ」でした。

販売を始めたばかりの頃、当時の上司や先輩に、「とにかく、お客様に声をかけて」と言われたのですが、そうは言われても、そのやり方がわかりません。何と声をかければいいのか、どんな声のかけ方をすればいいのか、がサッパリわからないわけです。ですから、見よう見まねでやろうとはするのですが、毎回本当にドキドキでした。なので、「ファーストアプローチ」が苦手な人の気持ちもよくわかります。実際、私への研修依頼でも、「販売員のアプローチについての相談」がかなり多くありますが、それほど、接客においてアプローチとは課題となっているものなのです。

しかし、ファーストアプローチに関して話をしていると、あることに気づきます。「ファーストアプローチ＝1回だけ」だと思っている販売員の方が、ものすごく多いということです。研修などでも、「声をかけても反応がなくて」「どう声をかけたら反応してもらえるかがわからなくて」というお悩みを聞きますが、それもこれも、みなさん、1回こっきりの話をされています。まずは、ここの意識を変えていきましょう。そもそも、名称こそ「ファーストアプローチ」と呼ばれてはいますが、だからといって、声をかけるのは〝1回だけ〟だと、はたして誰が決めたのでしょうか?

というのも、私はファーストアプローチを、だいたい3回くらいを目安に行ないます。1回ではなく、2回3回と回数を重ねることで、接客しやすくなるとわかったからです。

これに気づいたのも、時計店で販売をしていた頃のことでした。

私が勤めていた時計店は、商品が時計ということもあって、あまり大きな店舗ではありませんでした。ですから、一度ファーストアプローチで声をかけて、そのまま接客に入ろうとすると、お客様の逃げ場がないため、圧迫感がすごすぎて、すぐに退店されてしまうのです。ですから、最初の頃は、本当にアプローチがうまくいかずに、接客に入ることすらできず、とても苦労をしました。

そこで、少しでも圧迫感を与えないようにと、回数を分けることにしたのです。まずは、1回目。お客様に「いらっしゃいませ」や「こんにちは」と話しかけたら、サッと離れます。ファーストアプローチというよりも、本当に挨拶レベルです。そして、次に近づいたら、また一声かけて去る。そうして3回目くらいで、ようやく接客に入るような感覚です。
イメージ的には、たとえば、こんなファーストアプローチです。

1回目「こんにちは、ご来店ありがとうございます。ごゆっくりご覧くださいね」
〜スッと離れる〜

2回目「今ちょうど入荷した商品がありますので、見やすいところに広げておきますね」
〜また離れる〜

3回目「この商品が、新しい製法で作られた商品で〜」

といった感じです。

狭い時計店で、回数を分けて行なうアプローチスタイルに変えたところ、おかげさまで面白いほどに接客に入れる可能性が高くなりました。その後、他のお店でも同様のスタイルでやっていましたが、どんなお店でも成功率が高かったことは実証済みです。

回数に関しては、「絶対に3回」と決めているわけではありませんが、1回でいきなり接客に入ろうとはあまりしません（途中でお客様から要望があれば、その限りではありません）。

何が言いたいかというと、ファーストアプローチだからと、何もいきなり、一発で接客に入ろうとする必要はないということです。そんなことをしても、お客様はまだ心を開いていないのですから、嫌がられる確率の方が圧倒的に高くなります。それよりも、少しずつ話しかけていって、徐々に会話しやすい雰囲気を作るほうがいいでしょう。

もちろん、前項の「3つのポイント」を意識しながらできると、さらに成功の確率は上がっていきます。

何度も言うように、お客様はそもそも売り込まれることを望んでいません。誤解を恐れずに、極端な言い方をすれば、最初に販売員から声をかけられても、無視をするのは普通なのです。知らない販売員から声をかけられても、売り込まれる恐怖しかありませんから。

ですから、最初の1、2回は無視されてもいいくらいの感覚で、本当に軽く声をかけていき、徐々に関係性を築けるようになると、無視されて落ち込むこともなくなり、精神的にもかなり楽になります。

売っている人ほど、何度も声をかけているものなので、しっかりチェックしてみてくださいね。

ファーストアプローチは、1回で決めにいかずに回数を分ける

必死な「言い訳」アプローチをやめよう！

ファーストアプローチで、どんな言葉を選ぶかは悩みどころですが、お客様に商品や自社の説明をする時に、**必死な言い訳からスタートしてしまう人**がいます。

「こちらの商品は○○で、これこれこうだからみなさんに人気なんです。これだけのデータがあってこれだけの効果が出ています。ですから……」

「ウチのブランドは、○○で発祥した○○の会社で、うんたらかんたら……」

こうして、延々と商品や会社の魅力をアピールしてくるようなアプローチです。

アプローチをしているご本人は、商品説明をしているつもりなのかもしれませんが、これでは商品や自社の説明ではなく、知らない人（お客様）に対して「私たちは信頼できるんですよ、決して怪しくはありませんよ」と必死に言い訳しているのと同じなのです。

少し話は変わりますが、「マルチ」と呼ばれる商法を知っていますか？

端的に言うとネズミ講のようなものですが、以前、あるタイミングでそんな仕事をしている人の話を聞いたことがあります。「多分、マルチだろうなぁ」と思いながら、待ち合わせ先のカフェへ行ってみると、初対面で挨拶もそこそこに、いきなり大量の資料を出してきて、「僕たちの仕事は○○で、これだけの人がやっていて、こんなに医学的なデータもあって、これだけやるとこんなにお金が入ってきてうんたらかんたら……」と、聞いてもいないのにどんどん説明をしてくるのです。私から質問をしたり、ツッコミを入れたわけでもないのに。もはや私の耳には、言い訳にしか聞こえませんでした。

こういう、言い訳がましいアピールって、話を聞いている側からすると、本当にどうでもいいことです。お客様が聞きたいのは、商品を買うかどうかを判断するための情報であって、「怪しくないですよ」という言い訳ではないのです。

自分で接客をしている時のことを思い返してみてください。

「そちらの商品は……」と言い出して、聞かれてもいないのに、延々と説明をしていたりはしませんか？　自分では、お客様に商品や自社の情報を伝えているつもりなのかもしれませんが、相手には「私たちはこんなにすごいんです！　だから怪しくないので、ぜひ買ってください！」としか聞こえていません。

本当に自信を持って接客できていれば、何でもかんでも説明しようとしなくても、必要な情報を的確に伝えることができれば、それでＯＫです。情報がどうとかよりも、その的確さの方が重要なのです。

とはいえ、具体的に、どんな言葉でファーストアプローチをすればいいのかは、気になるところだと思います。

「ファーストアプローチでできる3つのポイント」の項でも少しお伝えはしましたが、どんなお客様にでも、より自然に接客に入るためには、「お客様ゴト」から入ることを推奨します。つまり、商品のことだけではなく、お客様のことから声をかけていくということです。

たとえば、お客様がご覧になっている商品を見て、「その色可愛いですよね」「今、一番人気の商品なんですよ」といった声かけをする。これは、商品ゴトから入っています。

これはこれでアリなのですが、お客様的には、「売り込まれる」と感じてしまうかもしれません。そしてなにより、商品ゴトから入ると、会話がそれだけで終わってしまうことが多いのです。

「その色可愛いですよね」→「そうですね」

「今、一番人気の商品なんですよ」→「そうですか」

これだけで、会話がストップしてしまいます。

しかし、お客様ゴトから入るアプローチでは、お客様が答えやすいパターンが生まれやすいので、会話が続くことが多くなります。

「可愛いお洋服ですね！どこのお店で買われたんですか？」→「えーそうですか？　これは、〇〇で買いました」→「そうなんですね！　よく行かれるんですか？」

といったように会話が続いていきます。

すると、お客様も販売員と話すことにストレスを感じにくくなるし、販売員側も、お客様の求めていることが聞きやすい状況を作ることができます。もちろん、会話が続いていった先に、どんなトークに持っていくのかは、練習が必要な部分ではありますが、お客様ゴトから入る癖がつくと、ファーストアプローチもより自然になります。

特に、まだお客様に疑問を抱かせるアプローチに自信がないという方は、お客様ゴトから入るようにすると、接客がやりやすいはずです。着ているお洋服や持ち物など、どんなところから接客に入れるか、イメージしてみてください。

言い訳アプローチではなく、お客様ゴトアプローチから入ろう

基礎を徹底しよう！

おかげさまで、私は、過去にいろいろな商品を販売してきて、売上的な面でも、実績的な面でも、それなりの結果を残してくることができました。

洋服を売っていた頃は、セールMVPを受賞したり、時計を売っていた頃は、過去最高売上店舗のチーム員として店頭に立たせてもらっていたり、ストレッチトレーナーをやっていた頃は、一ヶ月目で日本一の売上を上げたり、三越で靴を売っていた頃は、エバーグリーンというすばらしい表彰を受けたり。とてもありがたい経験を、本当にたくさんさせてもらってきました。

でも、いろんな商品を販売し、業種も飛び越えてきたからこそ、強く感じていることがあります。それは、基礎ができていないと、自分の接客はできないということです。

接客という行為は、個人の力量にものすごく左右されます。こと、販売につながる接客では、個人個人の接客のやり方で、売上が大きく変わってくるものです。（この本だって、そこを何とかよい方向に持っていってもらうために書いていっています）

そんな中で結果を出していくためには、個性もすごく重要な要素になってきて、「この人だから接客を受けたい」と思ってもらえるような個性を発揮できるかどうかは、大事なポイントです。

ただ、それらはすべて、基礎という土台の上に乗っかっています。

一見して、どれだけ個性的な接客ができるという人でも、基礎がなければ、それはたまたま上手くハマっただけであったり、ただのマナー違反であることが多く、必ずしもお客様に選ばれるものでもありません。

わかりやすい例が、出店場所の違うお店へ異動した販売員です。

よくありがちな話なのですが、ある商業施設で、それなりに売上を取れていた販売員が、別のお店へ異動になると、途端に売れなくなる、ということがあります。こうなってしまう原因に、「基礎ができていなかったから」ということが結構あるのです。

基礎と一言で言っても、いろいろなものがあります。挨拶の仕方一つ取ってもそうですし、言葉遣いといったいわゆるビジネスマナー的な部分や、お客様への接し方、商品の扱い方などの基礎もあります。

出店場所が変われば、必然的にお客様も変化します。タメ口で会話ができて、盛り上がれるお客様が来てくれるお店もあれば、丁寧な敬語で会話をしなければ、お叱りを受けてしまうようなお客様ばかりのお店だってあります。

基礎ができていないと、そんなお客様からは、「プロ」という認識すらしてもらえず、単に「失礼な人」「なっていない人」だと思われてしまうこともあります。

私の過去の経験で言えば、スーツを着て接客をする店にいたこともあれば、ジャージを着て接客をする店にいたこともあります。

それぞれで、同じ接客をしようとしても、お客様も店のスタイルも、あまりに違いすぎて、まったく同じ接客をするわけにはいきません。本質的な売り方は変わらずとも、接客スタイル自体は、それなりに修正が必要です。

そこで大事なのが、やはり基礎でした。

まったく違う接客スタイルの中でも、正しい接客マナーに則って接客をする。そして、その中で、徐々に言葉を崩してみたり、ラフにお客様と接してみたりといった変化をつけていく。そうしていくことで、その店に合った接客スタイルが見つかり、なおかつ、自分の個性も発揮していくことができます。

基礎なしに個性だけを発揮しようとしていたら、ほぼ間違いなく、売れない販売員で終わっていたことでしょう。

この話で、「自分は異動がないから」と、思わないでくださいね。

同じお店の中でも、お客様は変わります。今、目の前に立っているお客様が年下の学生だったとしても、次に来店されるお客様が同じだとは限りません。もしかすると、その学生さんのお父様やお母様がいらっしゃるかもしれません。そんな方々に対して、年下の学生さん相手と同じような言葉遣いや態度で接していたら、きっと不快な思いをさせてしまうことになります。

正直、マナーがそんなに得意ではない私だからこそ、こんなことを強く言っています。

どんなお店でも、まずは基礎を徹底しておかないと、正しく接客に入ることすらできなくなってしまいます。たとえ接客に入れたとしても、途中でボロが出て、お客様に嫌な思いをさせてしまっては、元も子もありません。

売るための接客技術も大事ですが、同時に、基礎の徹底も忘れない意識を持っておいてください。

基礎を徹底できる人だけが、本当の個性ある接客ができる

2章

未来を提案する準備

お客様が本当に求めているものが何かを知ろう！

お客様に、商品やサービスを購入していただくためには、商品やサービスのアピールが必要です。「この商品には、こんなにすばらしい特徴があるのです」「このサービスは、こんなによいサービスなのですよ」といったアピールをすることで、お客様によさを感じてもらうのです。たしかにこれは、販売をするためには大事なことです。

でも、だからと言って、単に商品のアピールをすればよいというものでもありません。なぜなら、お客様に、商品やサービスのよさをアピールするための準備が必要だからです。

たとえば、あなたがどこかの病院のお医者さんだったとしましょう。ご自分が、病院の診察室にいると思ってください。

そこへ患者さんがやって来て、「体の調子が悪いんです」と言ってきました。さて、あなたはどうするでしょうか？

いきなり、「じゃあ、お薬を出しておきますね」と処方箋を出しますか？　それとも、何かしらの処置を始めますか？

きっと、そうではないですよね。

まずは、具体的にどんな体調が悪いのか、どんなことが気になるのか、検査をするべきなのか、そして検査結果はどうなのかなど、いろいろな確認をするはずです。それをせずに、「お薬を出しておきますね～」では、ただのヤブ医者でしかありません。もしそんなお医者さんがいるとしたら、恐ろしくて、もうその病院へ足を運ぶ患者さんはいなくなるでしょう。


実は商品販売も同じなのです。

販売員は、ついお客様に、「この商品がいいんですよ！」「こちらのサービスなら、お得にご利用いただけるんですよ！」と、商品やサービスのよさをアピールしがちです。自分たちの扱う商品に自信があればあるほど、そうなってしまうかもしれません。

しかしそれでは、先ほどのヤブ医者のように、患者がどういう状態なのかもわからないまま、処置をしているようなものです。そんな販売員が、商品を買ってもらうことができるでしょうか？　難しいですよね。たとえ、それでもし商品が売れたとしても、本当の意味でのお客様の満足は生まれず、結局リピートしてもらえることもありません。

だからこそ、商品やサービスを売りたいと思うなら、その前に必ず、お客様の求めているものが何なのかを知る必要があります。これなしにモノを売ろうとするのは、それこそ押し売りでしかありません。

では、お客様が本当に求めているものを知るためには、何が必要なのかという話になります。

それこそが、「ヒアリング」、つまりは**「質問」**です。

お客様が考えていること、求めていること、不安に感じていること。商品を買ってもらうためには、いろいろな情報が必要なのですが、それらを知るためには、お客様に聞くしかありません。そのためには、質問をしていくしかないのです。お医者さんだって、患者さんに処置をする前には、必ず、問診や検査といったヒアリング同様のことを行ない、処置に入っていきます。

少し話は逸れますが、実は、日本人は質問が下手だと言われています。

日本では昔から、「一を聞いて十を知る」と言われます。元々は、中国から伝わった『論語』に出てくる言葉らしいのですが、かなりこの考え方は日本で根付いていて、とくに接客業の人たちの間では、「いかに察することができるか？」という部分は重視されています。お客様が何かひとつの情報を出してくれたら、そこから想定して、満足してもらえるような行動をとる。それが美徳だとされている節があります。

逆に、ユダヤの教えの中には、『千を聞いて百を知れ』という言葉があるそうです。問い続けることの美徳を説いた言葉だそうですが、[※1]コミュニケーションで考えると、「他人の考えていることなんて、聞かなきゃわからんよね」という本質を突いた言葉であるとも思われます。

お客様が求めているものを、察して提供する。そうしようと努力をする美学は、とてもすばらしいことだとは思います。ですが、だからと言って、それがまったくの見当違いでは仕方がありません。お客様は喜んでくれないのです。

それなら、お客様が何を求めているかを想像して、勝手に判断するよりも、お客様本人に聞くことができれば、何の問題も起こらず、スムーズに提供ができます。

そのためには、自然とお客様の求めているものを引き出すための「質問」ができる力（質問力）が欠かせないのです。

お客様が求めているものがわからないのに、よい提案はできない

※1：『日本人の知らないユダヤ人』著：石角 完爾氏　小学館

5W3Hの質問で、問診票を埋めよう！

さて、いきなり、「お客様に質問をして、何を求めているかを引き出しましょう！」と言われても、どうしていいかわかりませんよね。

私自身、質問をしてお客様の求めていることを知ることができるようになったのは、販売を始めてからずいぶん経った後のことでした。それまでは、どんな質問をすればいいのかがよくわかっていませんでした。下手をすれば、「とにかくヒアリングをしなければ」とばかり思ってしまって、闇雲に質問を重ねて、やたらと時間ばかりがかかってしまう接客をしていたこともあります。

ですから、まだ販売経験が浅く、ヒアリングにそこまで自信のない方には、私のようにならないためにも、オススメしておきたいことがあります。

それは、自分の頭の中に、「**問診票**」を作っておくということです。

私は、事前にこれをやっておくことで、劇的に接客が楽になった経験があり、今でも、研修の中でよくお伝えしています。

「問診票」というのは、前項でもお話しした、お医者さんが使う、患者さんに対する質問票のことです。誰でも、きっと一度は書いたことがあるはずです。

あの問診票を頭の中に持っておき、それを埋めていくようなイメージでお客様に質問をしていくと、自然と商品を提案するための準備が整っていきます。

では、うまく商品やサービスを買ってもらうための問診票とはどんなものがよいのか？

私は、**「5W3H」**の質問項目を埋めることを推奨しています。おそらく、英語の授業の最初の方で、「5W1H」などとして習ったことと思いますが、それに少し付け足しています。

それぞれの項目は、次の通りです。

■5W

- Ｗｈａｔ〈何を？〉
- Ｗｈｅｎ〈いつ？〉
- Ｗｈｅｒｅ〈どこで？〉
- Ｗｈｏ〈誰が？〉
- Ｗｈｙ〈なぜ？〉

■3H

・How〈どのように?〉
・How much〈いくらで?〉
・How was it〈どうだった?〉

この、合計8つの質問項目です。(How many〈いくつ?〉を付け足す場合もあります)

これらの質問項目をどれだけ埋められるかで、提案の内容が変わってくるため、売れる確率も変化していきます。あくまでも個人的な体感にはなりますが、スムーズにすべての項目が埋められた時は、高確率で販売につながります。

なぜ、このような質問をするのかと言うと、お客様が商品を使われる場面(本書で言うところの〝未来〟)を具現化するために必要だからです。

たとえば、Whereという質問では、場所についての質問をするのですが、これはつまり、「お客様がどこで商品を使いたいか?」ということを聞くことになります。そうすると、お客様が商品を使いたい場所がわかるので、「こんな場所でお使いになりたいなら、こちらの商品がいいですよ」という提案につなげやすくなります。

この5W3Hの問診票を活用するためのポイントは、**自分なりの質問の仕方を考えておくこと**です。

質問に限った話ではありませんが、自分の頭の中に用意されていない言葉というものは、とっさに口から出てくることはありません。ですから、事前に質問の仕方を書き出してみるなどして用意しておかないと、実際の接客で活用ができなくなります。

Whatの質問をしようと思っても、何も考えられていない人だと、「何かお探しですか？」という、超ありきたりな質問になってしまいます。明らかに目的のあるお客様ならいいのですが、そうではないお客様なら、「いえ別に。大丈夫です」と、離れていってしまいます。せっかく問診票を埋めるために質問をしようとしているのに、もったいないですよね。

だから先に、自分なりにどう質問をすればいいかを考えておくのです。

「Whatを聞くために、何かお探しですか？　以外にどんな質問の仕方ができるかな？」と考えておくことで、いざ、接客の際にも使える質問が出てくるようになります。

5W3Hの質問を使って、提案のための問診票を埋めよう

負の感情を引き出そう！

先述した5W3Hの質問の中には、ひとつ、耳慣れない質問があったかと思います。

●How was it〈どうだった?〉

という質問のことです。

この質問は、実は結構、重要な質問です。というのも、お客様の「負の感情」を引き出すために必要な質問と言えるからなのです。

How was it? という質問で聞こうとしているのは、お客様の過去の体験についての話です。

●過去にその商品を買ってみて、どう感じたか?

●そのサービスを体験してみてどうだったか?

というようなことを聞きたいのです。こういった過去の体験には、時として、お客様の不満や不安が隠されていることがあります。それがここで、「負の感情」と呼んでいるものです。

たとえば、お客様と話をしていて、旅行の話になったとします。

お客様「この間、旅行に行ってきたんですよ」
販売員「それはいいですね！　どちらに行かれたんですか？」
お客様「新幹線で京都まで行ってきました」
販売員「うらやましいですね～。でも、長距離移動は大変じゃなかったですか？」
お客様「そうそう。ずっと座りっぱなしだったから、身体も痛くなっちゃうし、洋服にもシワがついちゃって……」

もしこういう会話の流れがあったとしたら、このお客様は、洋服にシワがついてしまって困ったという不満を持っていることになります。ということは、もしあなたがお洋服を売っているとしたら、シワがつきにくいお洋服の提案ができれば、お客様の不満を解消できる可能性があります。そのための質問が、Ｈｏｗ　ｗａｓ　ｉｔという質問なんですね。

でも、なぜわざわざ不満を解消するためにこんな質問をするのか、疑問に思う方もいらっしゃるかもしれませんね。

もちろん、これには大きな理由があります。本当に売れる販売員は、皆、お客様の不満を解消できる人たちばかりだからです。

実際、しっかりとヒアリングをして、商品のよさをアピールして売るという行為自体は、ある程度販売スキルが身についてくればできるようになってきます。ですが、これだけだと、一度や二度、お客様に買ってもらうところまではいけても、そこから先の、「この人に接客してもらいたい！」というレベルにまではたどり着けません。

でも、本当に売れる販売員には、「〇〇さんに接客されたい」というお客様がたくさんついてきますよね？　いわゆる、「顧客」や「ファン」と呼べるほどのお客様が、どんどん増えてくるのですが、そうなるためには、お客様の信頼を勝ち取る必要があります。

そしてその信頼を生んでくれるひとつの要素が、不安や不満を解消してくれるかどうかにあるのです。

以前、私が靴を販売していた頃、旅行好きなお客様がいらっしゃいました。

その方は、年に何回も京都旅行へ行かれるというお客様で、お話を聞いていると、京都は石畳の道が多く、また歩く距離も長くなるので、できるだけ歩きやすくて疲れにくい靴を探しているということでした。

しかしここで、私はさらに「以前、京都へ行かれた時に困ったことはなかったですか？」という質問を投げかけました。お客様の抱えている「負の感情」があれば、それを引き出そうとしたのです。

すると、お客様は、「京都のお寺とか神社に行くと、靴を脱ぎ履きすることが多いのよね」というフレーズをポロっと出してくれました。京都では、日本建築が多く、神社仏閣だけではなく、食事の際にもお座敷に上がることも増えるため、靴を脱ぎ履きしなければいけないということだったのです。

そこで私は、その不満を解消するために、ファスナー付きの靴をおススメすることにしました。紐がついていて、足をしっかり固定してくれる靴でありながらも、ファスナーがあることで、すぐに脱ぎ履きができるというタイプの靴です。

そのお客様は、その靴をお買い上げいただき、抱えていた不満を解消できたことに喜んでくれ、その後も長くお店に通ってくれていました。

お客様の「負の感情」を引き出すことができれば、このように不満や不安に感じていることを解消できるチャンスも出てきます。そんな提案をして、信頼を得るためにも、Ｈｏｗ ｗａｓ ｉｔ？という質問が活用できるようになると、より質問力も高まります。

負の感情を引き出して、お客様の不満や不安の解消につなげる

事例を使った質問を使いこなそう！

質問というのは、何も聞き方に決まりがあるわけではありません。自然でお客様が不快な思いをしない範疇であれば、どんな質問の仕方でも、最終的に、販売につなげるための回答が得られればよいのです。

そこで、さらに売上アップにつなげるために、ぜひできるようになってもらいたいのが、**「事例を使った質問」**です。

これが使いこなせるようになると、さらにお客様のお悩みや、心の底に抱えている「欲しい」という気持ちを引き出すことができるようになります。

たとえば、先ほど、「負の感情」を引き出すために、How was it? の質問を使って、質問していきましょうということをお伝えしましたよね。ですが、「過去にどうでしたか？」と質問するだけでは、思うような答えが返ってこないこともあります。誰もがそう聞かれて答えられるかというと、そうでもないのです。

そこで、重宝するのが、「事例を使った質問」です。

ここでいう〝事例〟とは、具体的なケースのことを指しています。先ほどのような「座りっぱなしで、洋服にシワがついちゃって」とおっしゃっていたお客様。この場合は、お客様が自ら「シワがついてしまう」という不満を言ってくれたのでよかったのですが、実際の接客では、なかなかそんな不満を出してくれるとは限りません。

そこで、〝事例〟を使って質問をします。

お客様「この間、旅行に行ってきたんですよ」
販売員「それはいいですね！　どちらに行かれたんですか？」
お客様「新幹線で京都まで行ってきました」
販売員「うらやましいですね～。でも、**長距離移動だと、お洋服がシワだらけになってしまうという方もいらっしゃいますけど、大丈夫でしたか？**」
お客様「そうなんです！　ずっと座っていたから、シワだらけになっちゃって」

同じ会話の流れですが、途中で、「長距離移動では、洋服がシワになる」という事例を使った質問をしています。こうすると、お客様が忘れていたような不満やお悩みも表面化することができ、その解決策を提示しやすくなります。

これは、不満や不安を聞くための事例を使った質問ですが、他にも同じような使い方で、お客様が心の奥で欲しいと思っているものを引き出すこともできます。

接客をしていると、たまに、「そういえば……」と、お客様がふと気づいたように話をし始めることがありませんか？

たとえば、アパレルショップでコーディネートを見せようとして、コートを持ってきたら、「そういえば、コートも欲しかったんですよね。一緒に買っていこうかな」みたいな。実際にこうなってくれたら、結構うれしいですよね。

こんな状況を生み出すために、どのような質問をすればいいかと言うと、こんな感じです。

お客様「このシャツいいですね。これにしようかな」
販売員「ありがとうございます！　あ、ちなみに、**先日こちらのシャツをお買い上げいただいたお客様が、合わせるパンツをどうしようかと悩まれていましたが、**お客様はどんな風に合わせられますか？」
お客様「あー、たしかに。どうやったらいいですか？」
販売員「それなら、こういうパンツがありまして……」

わかりやすいようにアパレルショップの例を出しましたが、これも同じように、事例を使ってお客様に問いかけています。そうすることで、お客様の心の底にある「合わせるパンツも欲しいかも」という気持ちを引き出して、次のご提案につなげているわけです。

こうした事例を使って質問ができるようになると、ますます自分の欲しい回答が得られるようになってきます。どんな事例が出せるかを、考えてみましょう

事例を使った質問で、お客様の本心を引き出す

質問の精度を高めよう！

「お客様に質問をして、求めているものが何かを引き出しましょう」とお伝えしてきていますが、質問というものは、ただ何も考えずに聞けばいいというものではありません。

それは、前述した5W3Hの問診票でもそうなのですが、質問をすることで、何をお客様から引き出したいのかを明確にイメージしておかないと、よい質問はできないものです。どんな答えがほしいのかというイメージがないと、曖昧な質問しかできず、答える側のお客様も、曖昧な回答しかできなくなってしまいます。

たとえばですが、テレビを見ているとインタビューなどで、「今のお気持ちはどうですか？」という質問をしているインタビュアーがいますが、あの質問は、まさに何を引き出したいのか、がイメージできていない質問の代表格と言えます。

もしあなたが、「今のお気持ちはどうですか？」とだけ質問をされたとしたらどうでしょうか？「いいですよ」「あんまりよくはないです」程度の答えしかできないでしょう。それで質問者が得られることなんて、何もありません。

接客で、お客様を相手にして質問をするときにも、同じことが言えます。

よくある質問のパターンとして、「今日はどんな商品をお探しですか？」といった質問をしてしまう販売員の方がいますが、これに対してどう答えるのが正解なのでしょうか。

明らかに目的があって、「今日は、○○を探しにきました」と答えてくれる優しいお客様がいてくれればまだいいのでしょうが、ほとんどの場合は、「いや、別に何も……」と、それ以上会話が進まなくなってしまいます。

これも、どんな答えを引き出したいかが明確になっていれば、質問の仕方も変わってくるはずです。

「どんな商品を」と聞いてしまうから答えにくいのであれば、「どんなデザインのものをお探しですか？」や「どんな場面でお使いになるご予定ですか？」といった聞き方で、もう少し聞きたいことを絞ってあげると、お客様も答えやすくなります。それこそ、5W3Hの質問のように、「何を聞くか」が明確になっていると、質問の仕方も変わるということです。

こうしてお客様の要望や困り事などが、思うとおりに引き出せるようになれれば、商品提案もスムーズにできるようになり、販売する側にとっても、お客様にとっても、よけいな時間を使わなくてすむようになります（よくわからない質問を延々とされ続けるのは、お客様にとってはものすごく苦痛です）。

ちなみに、質問の精度を上げるためのコツは、質問を〝分ける〟ことです。

なぜかと言うと、こうした質問がなかなかうまくできない人の特徴として挙げられるのが、何でも一度に聞こうとしてしまうということだからです。

「どんな商品をお探しですか？」という質問などもそうで、すべての答えを一度に聞こうとしている質問になっています。

これを細かく分けていくと、

「どんなデザインのものを探していますか？」
「どのくらいのサイズがよろしいですか？」
「用途としては、どういう使い方をされたいですか？」
「商品を探している目的はどんな目的がありますか？」
「ご自分でお使いになるのですか？　それとも、どなたかへのプレゼントとしてお探しでしょうか？」

このように、質問を分けようと思えば、いくらでも分けられます。こうやって聞いてあげられるようになると、お客様も、聞かれたことに対して、「こういうもの」「こういう理由」と端的に答えやすくなるので、困ることもなくなります。これなら、簡単に質問ができそうな気がしてきませんか？

ただ、念のため、ひとつ注意しておいていただきたいこととしては、質問責めになってしまわないようにすることです。

質問を細かく分けるということは、つまり、それだけ質問の数も増えていくということですから、会話をうまくつなげられていないと、やたらと質問ばかりしてくる、面倒くさい販売員だと思われてしまいます。

そう思われないようにするためには、会話を上手に進めていく必要があるのですが、それには次の項でお伝えする『あいづち』なども重要になってきます。

お客様が答えやすい質問ができるように、質問の精度を上げる

あいづち上手になろう！

「質問」を上手にしていくにあたっては、絶対に欠かせない「あいづち」というものがあります。

私はよく、「質問上手は、あいづち上手」と言っているのですが、接客というものが、販売員とお客様との〝会話〟というコミュニケーションである以上、この「あいづち」をうまくできるようになることは、欠かせないことだと思います。

あいづちがどれだけ大事なことなのかは、少しイメージしてみるとすぐにわかります。誰かと会話をしていて、その相手が、ノーリアクションだと想像してみればいいのです。相手が話をちゃんと聞いてくれていると感じられなければ、それ以上話す気はなくなってしまいますよね？

お客様との接客中も同じで、どれだけ販売員が質問できるスキルを持っていたとしても、お客様が答えてくれる内容や言葉に対して、正しくリアクション（あいづち）ができなければ、お客様はだんだんと話そうという気持ちをなくしていってしまいます。そうならないためにも、あいづち上手になることは大事なのです。

では、具体的にどんなあいづちができるようになればよいのでしょうか？
上手なあいづちをするためには、いくつかのポイントがあります。

1 頷《うなず》き
2 表情
3 言葉
4 共感

それぞれ、少し解説していきましょう。

1 頷《うなず》き

何と言っても、ちゃんと話を聞いてくれていると感じてもらうためには、頷きは欠かせません。相手が話している内容に合わせて、首を縦に動かすような感じで、「ウンウン」というように頷きます。

ここでのポイントは、頷き方にも種類があるということです。

あいづちが下手な人の頷きは、ずっと一定で、同じように「ウンウン」と首を動かしているだけです。そうではなく、相手の話すスピードに合わせて、頷き方を変えると、よりきちんと話を聞いているように感じられます。会話が盛り上がってスピードが上がってきたら、素早くウンウンと頷く、逆に、ゆっくりとしたスピードで暗い話になってきたら、ゆっくりと頷くなど、特にスピード感に気をつけて頷いてみてください。

2 表情

あいづちでは、表情も重要な要素です。

相手が話している内容に合わせて、笑顔になる場合もあれば、暗い話になってしまったら、少し物悲しい表情や苦い表情になるなど、表情も変化するはずです。相手の話がどんな内容なのかをしっかりと判断して、それに合わせた表情で話が聞けるようになると、「この人はちゃんと話をきいてくれている」と感じてもらうことができます。

3 言葉

言うまでもなく、あいづちをする時には、首を振って頷くのと同時に、言葉を発することになります。

この言葉には、「えぇ」「はい」「うん」「へぇ〜」「あぁ〜」など、いろいろな種類がありますが、どんな言葉を使うかは、会話の流れによっても変わります。できれば一度、どんなあいづちの言葉があるのかを、出してみるとよいでしょう。私の研修ではよくやるのですが、意外と、お客様に対しては失礼にあたる言葉を使っている人もいるので、要注意ポイントです。

接客の世界でよく言われる、「オウム返し」（相手の言葉を繰り返すこと）も使えるようになるといいですね。

4 共感

相手により気持ちよく話をしてもらうためには、共感が大事です。せっかく話をしてくれているのに、「いや、それは」「でも」と否定的な言葉や表現を使われてしまうと、話をするのも嫌になってしまいます。

そうではなく、「わかります」「そうですよねぇ」みたいに、「私の話に共感してくれている」と感じられるあいづちができると、よりお客様は話をしやすくなります。

特に、ここであげた4つのポイントは、あいづち上手になるために必要な要素なので、ぜひ意識して会話に活かしていきましょう。

さらに質問上手になるために、あいづち上手になろう

商品にもっと興味を持とう！

ここまで、お客様に未来を提案するための準備として、「質問」に焦点を当ててお伝えしてきました。しかし、提案をするための準備には、他にも大事なことがあります。

そのうちのひとつが、あなた自身の商品に対する興味です。

ちょっとここで、私からひとつ質問です。

「あなたは、売っている商品に、ちゃんと興味を持てていますか？」

この質問に、もし即答でイエスと答えられないとしたら、まずはここの意識を変える必要があるかもしれません。

販売員は、商品を販売するという役割を担っているのですから、商品のこと・サービスのことを、しっかりと知っていなければなりません。正しい商品知識はもちろんのこと、商品の魅力をより引き出してくれるような使い方や、長く愛用するためのメンテナンス技術など、いろいろな知識・技術を持っていることが理想です。実際は、まだ経験が浅く、そこまでの知識や技術がなかったとしても、少なくともお客様は、そんな部分を販売員に期待しています。

そんな知識や技術を身につけるための原動力となるのは、やはり、商品に対する興味なのです。

何の興味もないものに対して、知識や技術を得ようとしても、表面的なところを少しかじるくらいで、「もういいかな」と勝手に満足してしまう可能性が高くなります。

試しに、興味のないものについて調べてみれば、それはすぐにわかるはずです。興味が湧かないものだと、ネットでちょっと検索した程度でも、何となくわかったような気になって、それ以上のことを調べたり、何かを学ぼうとすることはないでしょう。いえ、そもそも、興味がわかないのですから、調べることすらしないはずです。

本当に興味のないものに対してであれば、それでもまったく構わないのですが、ご自分が販売している商品に対して、そんな感覚では困ります。お客様目線で考えてみても、きちんと商品に対して、ある程度の知識や技術や情熱なりを持っていてもらわないと、そんな販売員から接客を受ける理由が見つかりません。

だから、少なからず商品への興味を持って、知識や経験を得ようとする感覚は、忘れないでいてほしいのです。他の人よりも、もっと商品やサービスに対しての興味が持てていれば、学べることも増えていきます。それが、あなた自身の力になり、ひいてはお客様のためにもなるのです。

さて、今お伝えしていることについて、勘のよい方ならお気づきかもしれませんが、私は決して、「その商品のことを好きでいましょう」とは言っているのではありません。あくまでも、「興味を持ちましょう」とお伝えしているのです。これには理由があります。

似たような話で、よく「売っている商品のことを、好きになりましょう！」という話を聞くのですが、実はこれはけっこう難しいことなのです。

人によって、好みというものは千差万別です。お客様だけではなく、販売員だってもちろんそうなのですから、好みの商品もあれば、そうではない商品もあるのが普通です。

ということは、〝好き〟という感情を原動力にしてしまうと、販売員自身の好みに合わない商品に対しては、積極的に知識を得ようとしなくなるので、売りにくくなってしまう恐れがあります。

しかし、お店で扱う商品に対して、販売員の好みで判断して、売る・売らないを決めていては、売上げなどとうてい上がってはいきません。それなら、自分自身ですべての商品を好み通りにセレクトして販売できる店を、自分で出すしかなくなってしまいます。

そうでないのなら、好きかどうかという感情はひとまず横に置いておいて、まずは興味を持って観察してみたり、知見を得ようとすることが大切です。好みに合わない商品や、一目見て「なんだか売りにくそうだな」と感じてしまうような商品だったとしても、「なぜ、こんな商品が入荷したんだろうか？」「どうして、この商品がウチの店に必要なんだろうか？」と、何でもいいので、まずは興味を持ってみましょう。

そうして、興味を持つことで、調べてみて得られた知識や経験や情熱といったものは、必ずお客様に伝わるし、それによって、販売できるチャンスも増えて、売上げにもつながっていきます。

もちろん、すべての商品やサービスを好きでいられるなら、それが一番よいことですが、販売員だって人間ですから、なかなかそうもいかないものです。商品に興味を持つために、着目したい部分などを決めておくのもいいかもしれません。

ちなみに私の場合は、その商品が生まれた背景はとても気になってしまうので、自分の好みに関係なく、どんな商品でも、「なぜ、この商品が生まれたんだろう？」とか、「なぜこのブランドが誕生したんだろう？」といったことには興味を持つようにしています。それを調べてみると、案外面白い情報が手に入って、接客に活かせることも多いからです。

商品に興味を持って、知識や技術を得ていこう

求められる商品知識を洗い出しておこう！

より売れる確率を上げていきたいと思うのなら、今以上に商品知識を身につけることはとても大切です。

極論を言えば、売れる販売員は、商品知識がなくても販売をすることはできます。それは、質問のスキルの高さや、多くの経験から求められている商品を導き出す力を持っているからです。

ただ、お客様からすれば、商品のことをくわしく知っている販売員が接客してくれたら、いろいろな話を聞くことができるし、疑問に感じることに対して、すぐに的確に答えてくれる販売員がいてくれると、とても助かります。

もちろん、買う時だけではなくて、購入後も長く使い続けるためのメンテナンス方法や、より商品の魅力を引き出すための使い方を教えてくれたらうれしいですよね。

だから、よりお客様に満足していただくためにも、末長くお店に通っていただくためにも、お客様に求められるような商品知識を身につけておくことは、とても大事なことです。

では、お客様に求められる商品知識にはどういうものがあるのでしょうか？

これを洗い出して整理しておくことができると、むやみやたらに「あれもこれも」と勉強をするよりも、効率的に商品知識を得ることができます。もちろん、いろいろな知識を得ておくことができるなら、それに越したことはないのですが、それだと、いくら時間があっても足りなくなってしまいますからね。

まずは必要な商品知識がどんなものかを、一度整理しておきましょう。

■お客様に求められる商品知識

○物販商品

- 素材（材料）
- 製造者（デザイナーや生産・製造をした人など）
- 製造場所
- 使える期間（耐久性など）
- メンテナンス方法

○**すべての商品に当てはまること**

- 商品が生まれた背景
- 店やブランドが生まれた背景（歴史）
- 店やブランドが伝えたい想い
- 価格（他店との差も含む）
- 合う人、合わない人

無形のサービス商品（ここでは、マッサージや保険など、形のないもの）に関しては、これに技術などが含まれることになります。

これらの知識は、ある意味でウンチク的な要素も含まれてくるので、知識を持っていればいるだけ、お客様に対する説得力を生んでくれるし、安心感を与えてくれるものでもあります。たとえば、どこで誰が製造をしているのかがわかれば、安心して買い物ができるというお客様もいるでしょうし、商品が生まれた背景をしっかり感じながら、商品を愛用していきたいというお客様もいるかもしれません。そんなお客様のためにも、求められる知識だと言えます。

そんな中で、私が特に重視していただきたいと思うのは、「**合う人、合わない人**」の項目です。これは、その商品やサービスが、どんな人（お客様）に合って、どんな人に合わないのか？　という知識のことです。

どういうことかと言うと、足つぼマッサージを想像してもらうと、わかりやすいかもしれません。足つぼマッサージは、人によっては痛くても効果を感じられるのでしょうが、ただ単に痛いだけで、何もよいと思えない人もいます。だから、痛みに弱い人には向かない商品と言えます。これも、ひとつの商品知識で、はっきりと伝えられると、お客様にとっては選択しやすくなるというメリットがあります。

お菓子などでも、甘いものを食べ慣れている人にはお勧めできるけれど、ふだん甘いものを食べない人には、合わないお菓子があります。こういう場合でも、事前に誰に合う商品なのかがわかっていれば、ギフトを買いに来られたお客様に、「ふだん、甘いお菓子を食べられる方でしょうか？　それなら、こちらの商品はお勧めできますよ」という提案の仕方に変わっていくことでしょう。

そして、より高い満足を得られることになっていくので、ぜひ、『合う・合わない』という商品知識も持っていられるようにしておいてください。


お客様に求められる商品知識を事前に整理して、効率的に学ぶ

"売りにいく"マインドを変えよう！

さぁ、いよいよお客様に商品を提案する準備も整ってきました。ここまできたら、次は、お客様に商品を買っていただくための提案（プレゼン）に入っていきます。

でも、ちょっと待ってください。その前に、どうしてもこれだけは伝えておかなければいけません。

「商品を売りにいこうとし過ぎてはいないか？」ということです。

本書では、どんな商品でもサービスでも売れる方法をお伝えしようとしています。ここまでも、そのために必要なノウハウを伝えてきているつもりです。

しかし、だからと言って、「お客様に商品を売ってやろう！」と息巻いて接客をしてしまうと、残念ながらなかなか商品が売れることはありません。これは、1章でもお伝えしたことですが、その感覚では、お客様は「売り込まれている感」を感じてしまうからです。

何度も申し上げるように、お客様はできる限り、売り込まれないようにしたいと思っています。売り込まれれば売り込まれるほど、「買い物をしなければいけないのだろうか」という強迫観念のようなものが生まれてきて、どんどん気分が下がっていきます。残念なことに、最近ではよく目にするようにもなってしまいましたが、販売員にグイグイ売り込みに来られると、口コミサイトに悪い評価をつけられてしまうこともあります。

「売らなきゃ、もっと売らなきゃ」と逸る気持ちも理解できますが、お客様に気持ちよく買い物をしてもらうためにも、まずは、そのマインドを変えておきましょう。

「売れるようになるための方法を伝えている本で、何を言っているんだ」と思われる方がいらっしゃるかもしれません。

でも、だからこそお伝えしています。売ろうとすればするほど、買ってもらおうとすればするほど、商品もサービスも売れなくなるのは、真理なのです。それは言葉には出さなくても、どうしてもお客様には伝わってしまうものだからです。

とは言え、「そんなことを言われても、じゃあどういう意識でいたらいいのか？」と思ってしまいますよね。

私の中ではふたつ、売り込みにならないために、常に持っておきたいと意識している感覚があります。それは、「**知ってもらいたい**」ということと、「**楽しむ**」ということです。

「知ってもらいたい」というのは、それこそ、商品やサービスのよさです。

言葉にするとしたら、「こんなによい商品（サービス）があるのに、お客様が知らないなんてもったいない」という感覚です。この気持ちは、常に持っていようと意識しています。

こういう意識があると、面白いことに、いろいろな言葉の伝え方が変化していきます。たとえば、お客様に何かご提案をしようというときでも、自然と、「お客様に合いそうなよい商品があるんですけれど、ご紹介させてもらってもいいですか？」という言葉が出てくるようになります。これも、売り込もうという感覚だと、「ご提案させてください」というような売り込み型の言葉になってしまうでしょう。

個人的な感覚ですが、この意識があると、最初のお声がけの考え方も変わります。

よく研修先で、「お客様に声をかけるのが怖い」という言葉を聞きます。無視されてしまうとか、イヤホンをつけているお客様に声をかけていいのかどうか、がわからないという理由からだそうです。

でも、私の場合は、店に来てくれたお客様には、よい商品があることを知ってもらいたいと思っています。ぱっと見ではわからない魅力を紹介するのも、販売員の役割だと思っているわけです。ですから、あまりそういうことは気にせずに、お客様に声をかけて、商品のよさを知ってもらえる努力をします。声がけで悩む販売員の方ほど、売り込むというよりも、商品やサービスのよさを知ってもらいたいという気持ちを持っていただきたいと思います。

そして、何より「楽しむ」ということです。

私は今も、研修先のお店で一緒に店頭に立たせてもらう機会が多くあります。それがもう、楽しくて仕方がありません。接客が好きなのです。初めて入ったお店で、商品を売るどころか、「次はいついらっしゃるんですか？　またお願いしたいです」とお客様にたずねられ、名前を覚えてもらうこともあります。

それもこれも、接客を楽しんでいるからだと思っています。商品を買ってもらうためには、知識や技術も当然大事です。でも何より、自分自身が接客や販売を楽しんでいなければ、お客様が満足してくれるような接客ができるとは思えません。これを忘れていたら、どんなノウハウも通用しなくなってしまいます。

あなたが接客をしていて、〝楽しい〟と思うときの気持ちを、常に忘れないようにしてください。お客様に商品を買ってもらうのは、それが前提にあってこそ、なのです。

よいものをお客様に知ってもらうつもりで、接客を楽しもう

3章

未来を提案しよう

売れる販売員が売ってきたもの

ここまで、接客販売でも重要な、お客様との距離を縮めるための方法や、お客様の要望（ニーズやウォンツ）を引き出すための方法についてお伝えしてきました。

お客様との距離が縮められないと、そもそも接客のチャンスすら訪れないし、お客様の要望を引き出すことができていないと、どんな商品を提案すればいいのかわかりません。

ですから、まずは2章まででお伝えしたことは、ぜひできるようになっていただきたいと思っています。

そしてここから、本書の最大のポイントでもある、**お客様に伝えるべき「未来」**に話を移していきます。

冒頭でもお話しした通り、お客様が買っているものは、商品を購入した後の「未来」です。その商品を購入した後に得られる「未来」をお伝えすることこそが、最もお客様の購買意欲を刺激し、「買いたい！」「これがほしい！」「私にはこれが必要なんだ！」と感じてもらうことにつながります。

そう感じてもらう未来さえ、お客様にしっかりと提案ができるようになれば、たとえ扱っている商品がどんなものでも売れるのです。これこそが、これまで多くの種類の商品を販売してきた私が、自信を持ってお伝えしたいことです。

売れる販売員はみんな、この「未来」をお客様に販売してきました。だからこそ、お客様は喜んで商品を買っていくし、満足感を得られるのです。

でも、「売れる販売員たちは「未来」を売ってきた」とだけ聞かされても、「じゃあ、具体的に「未来」って何なの？　何を伝えればいいの？」と思われるでしょう。当然の疑問です。

ここで、お客様が買い物をするときのことを、少し考えてみてください。

たとえば、近々旅行へ行くのだけれど、長距離を歩くことになりそうだから、歩きやすいスニーカーがほしいと靴屋へ来られたお客様（実際、こういう目的を持ってお店へ来られるお客様は、割と多い）。

そこでお客様に、「こちらのスニーカーは、クッションがしっかりしていますから、長い距離を歩いても疲れにくいですよ」とご提案をしても、なかなか販売にはつながりません。

この提案では、お客様が未来をイメージできないからです。

実はこの場合、お客様が求めているモノとは、「長距離を軽快に歩けるスニーカー」ではなく、「長い距離を歩いても、足が疲れず旅行を楽しめること」のはずです。ですから、本当に提案しなければならないのは、「疲れにくいスニーカー」という商品そのものではなくて、「そのスニーカーを履いて、旅行を楽しんでいるという体験」や「長い距離を歩いても、疲れていないという体験」になります。

お客様は、そういった「よい体験・うれしい体験」が手に入る商品を探していて、その未来が明確にイメージできれば、思わずそのスニーカーを購入したくなってくれます。

どんな方でも、こういった、**未来に起こる体験**がイメージできれば、ほしくなってしまうのですが、そこには必ず**〝2つの要素〟**が含まれています。

その2つの要素とは、**「風景」と「感情」**です。

実は、お客様に伝えるべき未来、つまり、売れる販売員が売ってきたものの正体とは、この**「風景」と「感情」**という2つの要素なのです。

先ほどのスニーカーの例に戻ってみましょう。

お客様へご提案するべきは、「そのスニーカーを履いて、旅行を楽しんでいるという体験」や「長い距離を歩いても、疲れていないという体験」だとお伝えしました。

これらの提案には、スニーカーを履いて、旅行先を歩き回っている風景が見えます。それと同時に、旅行が楽しいという感情や、長く歩いても疲れなくてうれしいという、ポジティブな感情が感じられます。

お客様は、この提案によって、自分が旅行先で楽しんでいる「風景」と「感情」をイメージし、商品への魅力を感じてくれるというわけです。

他のどんな商品でも、この2つの要素である「風景」と「感情」をきちんとご提案できれば、お客様は魅力を感じて、ほしくなってしまいます。何度も言うように、それこそが、販売員が提案すべき「未来」であり、お客様に買ってもらうべきものなのです。

まずは、この2つの要素についてご理解いただき、では、それらを提案するためにはどんなことをすればいいのかについて、お話ししていきます。

お客様に提案すべき未来とは、風景と感情

未来の引き出しをたくさん持っておこう！

お客様に、確実に「未来」をご提案していくためには、自店の商品を購入してもらった後のことをよく考えておく必要があります。

なぜなら、商品を購入してもらった後の「風景」や「感情」こそが「未来」であり、それが具体的にどんなものになるかを知っていないと、提案ができなくなってしまうからです。

これを私は、頭の中に引き出しをつくるイメージで、「未来の引き出し」と呼んでいます。

接客のたびに、そのお客様が求めるものに合わせた引き出しを開けて、そこからお客様の未来をご提案していくようなイメージです。

ですから、まず**どんな未来が待っているか**（**＝想定できるか？**）を考えておき、それを頭の中の引き出しに、たくさんストックしておくことが大事なのです。

ということで、ここからあなたが販売している商品について、「未来の引き出し」をたくさん作るための考え方をお伝えしていきます。

商品を買った後の未来を考えるためには、いくつかのステップが必要です。まずはそのステップごとに解説をしていきましょう。

STEP 1 商品を使う場面

商品にはそれぞれ、商品ごとの使い方があります。それと同時に、その商品を使う「場面」というものが存在しています。

わかりやすいように、先ほどと同じ、靴を例にとってみましょう。

靴は、誰がどう考えても足で履くためのものですが、場面によって履く靴は変わっていきます。スーツを着る時には、スーツに合う革靴。運動をする時には、運動がしやすいスニーカー、山登りをする時には、マウンテンブーツなど、場面によって履く靴は変わります。

まずは、その靴に合わせた「場面」を考えるわけです。

これがズバリ、**「風景」**ということになります。この場面をいかに多く、引き出しの中に準備しておけるか、が大事だということですね。

ポイントは、実際にその商品を使っている場所や状況までを想像することです。革靴だとしたら、スーツに合わせる。ということは、スーツを着ていく場所が必ずあります。それが職場なのか、取引先なのか、それとも結婚式なのか。そういうそれぞれの場面を思いつく限り考えてみます（できれば書き出してみるとよい）。

そうすることで、お客様に「こういう場面でお使いいただけるといいですよ」という提案ができるようになります。

STEP2 商品を使ったときの気持ち

続けて、その場面で商品を使ったときの気持ちを考えていきます。

これが、未来を提案する際に大事な2つの要素のもう1つ、「**感情**」ということになります。「うれしい」とか「楽しい」とか、そういった気持ちです。

これを考えるときに大事なことは、2種類の感情があることを理解しておくことです。

1種類目は、お客様が自分自身で得られる感情。

たとえば、スーツに合わせる革靴がほしいとしたら、「その革靴を履いて営業先を回っても、足が痛くならなくてよかった」という感情。これは、お客様自身が自分で得られる感情です。

そしてもう1種類は、他人からの影響で得られる感情です。

同じように、スーツに合わせる革靴だとすると、職場で「かっこいい革靴ですね！」と後輩に褒められてうれしい、といった感情のことです。このどちらも、よい提案をするためには大事な感情です。

商品を使ったときの気持ちについても、STEP1と同じように、どんな感情が得られるのかを書き出してみると、提案がしやすくなります。

私が、ストレッチトレーナーとしてお客様に接していた頃、この2つの提案をすることで、お客様にはよく「通います」と言っていただいていました。そのときは、「毎日デスクワークが続いて、肩こりがお辛いんですよね？　でも、3ヶ月間きちんとストレッチを受けてもらえれば、残業が何日も続いて、1日中パソコンと格闘していても、肩こりのことは忘れて仕事ができますよ。そうなったらうれしくないですか？」

といったことをお伝えしていました。

これを分解してみると、

「残業が何日も続いて、1日中パソコンと格闘していても」＝「風景」

「肩こりを忘れて仕事ができますよ。そうなったらうれしくないですか？」＝「感情」

ということになり、「風景」と「感情」の2つで、お客様に未来をイメージしてもらうことで、「そうなりたい」という気持ち、つまり購買意欲を刺激するのです。何度もお伝えするように、このバリエーションをいかに多く持っているかで、お客様に合わせた提案ができるかどうかが変わってきます。

そんな「未来の引き出し」をたくさん蓄えて、お客様に「お金を払ってでも手に入れたい！」と思ってもらえる提案をしていきましょう。

未来の引き出しを増やして、提案のバリエーションを増やす

連想力を身につけよう！

「未来の引き出し」がどんなものかについては、ご理解いただけましたでしょうか？　前項のＳＴＥＰ１と２で、「風景」と「感情」を考えていくことで、お客様が商品を購入した後に得られる未来の引き出しを増やすことができます。

ただ、これを考えるときには、ある力が必要になります。それは「**連想力**」と呼ばれる力です。物事から物事へつなげる力のことです。

もう20年ほど前に流行った、〝マジカルバナナ〟というゲームがありますが、ごぞんじでしょうか？　リズムゲームの一種なのですが、「バナナと言ったら黄色、黄色と言ったらひまわり、ひまわりと言ったらお花、お花と言ったら……」のように、ＡからＢ、ＢからＣと、連想されるものを次々に答えていくというゲームです。あれがまさに連想力です。

この連想力を持っていると、未来の引き出しを増やすだけではなく、ヒアリング能力も提案能力も飛躍的に向上します。もっとシンプルに言えば、「**会話力**」が高まります。

２章でも重点的にお伝えしてきたヒアリング（質問）にしても、未来の提案にしても、大事なのは、お客様としっかりと会話をしながら、キーワードを拾っていくことです。

お客様が求めていることを聞き出すためにヒアリングをしているとき、せっかく接客のポイントとなるキーワードが出てきているのに、それを拾えないと、提案のチャンスをフイにしてしまいます。

たとえば、アパレルショップで接客をしていたお客様が、大学3年生であることがわかったときに、「大学3年生」というキーワードから、「就職活動」や「面接」という連想ができると、スーツの話やネクタイの話ができる可能性があります。たとえ他の商品をご覧になっていたお客様でも、連想力があれば、「そういえば、それもほしかった」という別の提案につなげられるかもしれないということです。

こういう、お客様ご自身でも気づいていないニーズのことを「潜在ニーズ」と呼びますが、お客様の「潜在ニーズ」を引き出し、商品提案をすることができると、お客様の想像していた期待値を超えることができます。イコール、「よい接客をしてもらえた」と、満足度が上がります。だから、潜在ニーズを絡めた提案ができるようになるためにも、販売員は「連想力」を鍛えるといいのです。

と言っても、連想力を鍛えるトレーニングのやり方は、いたってシンプルです。個人でやるなら、書き出しトレーニングをオススメします。私が販売研修などでもやっている内容で、部下育成をしていたときに活用していたものをご紹介しましょう。

1 拡散型

まずは、なんでもいいのでお題をひとつ決めます。お題の決め方としては、

●扱っている商品＝アイテムの特徴、ブランド、商品名など

●来店されるお客様像＝仕事（営業マン、プログラマーなど）、年代、好みなど

こういう中からお題を決めると、よりリアルな連想ができます。

お題を決めたら、今度は、どんな連想をするかを決めます。たとえば、「ネクタイ」というお題だとしたら、「柄」について連想をしていくと決めるわけです。そこまで決められたら、実践です。

「ネクタイ」で、「柄」について連想するのであれば、連想できる限りの柄をどんどん書き出していきます。これだけです。

2 連鎖型

拡散型に慣れてきたら、今度は連鎖型にも挑戦してみましょう。

お題の決め方は先ほど同様で大丈夫ですが、連鎖型は、連想の仕方が変わります。「ネクタイ」と決めたら、ネクタイから連想できるものを、まずひとつ連想します。「ネクタイ」↓「スーツ」のようにです。

そうしたら今度は、「スーツ」から次の連想をします。「スーツ」↓「仕事」のような感じ

です。これができたら、また次の連想をします。これをどんどん続けていきます。

これらのトレーニングを、考える時間をどんどん短くしていきゲーム感覚でやっていると、連想力は鍛えられます。

慣れてきたら、お客様のニーズにありそうなことと商品を結びつけるように考えていくと、より接客に活かせるようになります。

「ネクタイ」→「スーツ」→「仕事」→「営業」→「取引先」→「商談」

このようなイメージでしょうか。こういう連想ができることで、ネクタイをご覧になっているお客様に、「営業のお仕事先でお使いですか？　ということは、お取引先様との商談の機会も多いのですか？」「そうですね」「でしたら、落ち着きがあるように見える、青系のカラーもオススメですよ」といった接客ができるようになっていきます。連想力がないと、どんな場面でお使いになるかや、どんな未来を求めているのかもうまく拾うことができず、ありきたりな提案で終わってしまいます。

会話力を向上させるためにも、新たな発想を手に入れるためにも、ぜひ連想力トレーニングに挑戦してみてください。

連想力を鍛えると、接客の質が向上する

ビフォーアフターで、未来に気づいてもらおう！

さて、ここまでの内容をしっかりお読みいただけた方なら、ひとつ気になっていることがあるのではないでしょうか。

それは、**「本当に未来を提案するだけで売れるのか？」**という疑問です。

そうお感じになるのは当然のことで、「はたして、本当にそれだけで売れるの？」「いやいや、たまたまあなただからそうだったんじゃないの？」と思われても仕方がありません。

たしかに、ここまでお伝えしてきた内容を確実に行なうことができれば、商品が売れる可能性は大きく高まります。実際に、これまで書いてきたような、ヒアリング方法や提案方法について研修で学ばれた方々の中には、実際に売上げを伸ばされた方はたくさんいらっしゃいます。

しかし、正直に申し上げると、さらに売れる可能性を上げるためには、もうひとつやらなければいけないことがあります。

それは、お客様に**「未来に気づいてもらう」**ことです。ここまでできて初めて、未来の提案というものが完成するのです。

「未来に気づいてもらう」というのは、実はそう簡単なことではありません。「こんな未来が待っていますよ」と、いかにうまく口頭で説明したとしても、なかなか理解されないということが多いからです。あなたも、目の前の販売員に口でいくら上手いことを言われたとしても、それだけで「はい、そうですか」と信用することは難しいでしょう。

そこで大事なのが、未来に気づいてもらうための「**ビフォーアフター**」です。つまり、ビフォーとアフターをそれぞれお客様に体感していただき、「これが手に入るのか」「こんな未来が待っているのか」ということを感じていただくことなのです。

これが、最もわかりやすい実例があります。テレビショッピングなどでよく見かける、洗剤の実演販売です。

実演してくれる販売員の方が、「この汚れ、見てください！　こんなに油まみれで汚れているのに、この〝□×クリーン〟をシュッと一拭きすれば、ほら！　あっという間にこの通り、ピッカピカ！」なんて言いながら、テレビでしゃべっているのを見たことはありませんか？

あれがまさに、ビフォーアフターです。

汚れている状態（＝ビフォー）から、綺麗になった状態（＝アフター）をワンカットで見せることで、「こうなるんだ！」という未来を、視聴者にわかりやすく伝えています。あれが、あなたの接客を通してできれば、あなたのお客様にも未来に気づいてもらうことができるということです。

そのためにやるべきことは、きわめてシンプルです。まず、お客様にビフォーを感じさせ、続いてアフターを感じさせる。これに尽きます。

実は、このやり方を本当の意味で知ったのは、ストレッチトレーナー時代でした。

例として、肩こりのお客様をあげましょう。まずお客様を接客する際は、必ず、ビフォーアフターに気づいてもらうために、少しだけ、片方の施術を行ないます。右肩なら右肩だけをやるということです。そうすると、右肩のコリがほぐれて可動域が上がります。そこで左右両方ともに腕を動かしてもらいます。すると、何もしていない左肩はいつも通りの凝っている状態なのであまり動かないのですが、施術をした右肩は動きがよくなっているというわけです。

これでお客様は、「ビフォー」である左肩の状態と、「アフター」である右肩の状態を知ることができるのです。

すると、とたんに、「こんなに変わるんですか！」「もっとお願いします！」と言ってくれるようになります。マッサージなどは、一般的にはそういうことはせず、全身ほぐしてくれた後に、「軽くなりましたか？」と聞かれます。しかしそれだと、最初のビフォー状態を忘れてしまっているので、わかりにくいのです。

これについて当時、お店では「**体感を生む**」という言葉で言われていましたが、これを知ったときに、多くの商品販売に生かせる方法だと気づきました。

たとえば、靴の販売をしていたときには、お客様が履いていた靴でまず歩いてもらいます。ビフォーを理解してもらうためにやるのですが、そのとき、「踵のクッションを意識して歩いてください」などとポイントを伝えることで、お客様はそのポイントを意識してくれます。

そうして、販売しようとする靴を履いてもらい、同じように、「踵のクッションを意識して歩いてください」と促すと、ビフォーとアフターが明確になり、お客様は「たしかに！全然違う！」と気づいてくれるわけです。おかげさまで、ものすごく商品が販売しやすくなりました。

どのようにビフォーアフターを見せるかは、商品によって変わりますが、お客様が気づきやすくなるようにポイントを伝えて体感を生むことができると、明らかにお客様の反応が変わってきます。ここまでできれば、あなたの商品販売は大きく前進するはずです。

ビフォーとアフターに気づいてもらうため、体感を生む

事例を提示して、購入後の体験を想像してもらおう！

お客様に未来をイメージしてもらうためには、「こんな場面で使えますよ」と口頭で説明する、そして、実際に体感を生んでいくことが大切です。

しかしなかには、それでもピンとこないというお客様もいらっしゃいます。

どれだけ、「お客様の場合でしたら、こういう使い方ができますよ」「あなたなら、こんな未来が手に入りますよ」と伝えたとしても、ご自身のことになるとよくわからないというお客様はいるのです。

そういうときは、**事例を提示して想像してもらう**ことも考えましょう。こういう伝え方も知っておくと、より接客の幅は広がります。

ここでいう事例とは、実際にあった、**他のお客様の事例**です。なぜかというと、そんな事例があることで、お客様は信用をしてくれるからです。

「足が疲れにくい靴」という商品があったとして、その靴を履くことで、「クッションがよくて足が疲れにくいので、お客様の行かれるヨーロッパ旅行でも、もっと旅行を楽しめますよ」と、いくら手に入る未来をお伝えしたとしても、まだその商品を使ったわけではないので、お客様としては信用していいのかどうかがわかりません。試しに履いてみていただいて、クッションがよいということを体感してもらえたとしても、実際に旅行先で履いてもらっているわけではないので、不安は拭えないわけです。

しかし、他のお客様のリアルな事例があると話は違います。

たとえば、「以前、同じようにヨーロッパへご旅行に行かれた方がいらっしゃったのですが、この靴があったおかげで、ふだん歩けないくらいの距離を歩けたとおっしゃっていましたよ。やっぱり石畳が多い国ばかりなので、クッション性は重要だそうです」というお客様の事例があれば、今接客をしているお客様も、「なるほど。実際に使ったらそんな感想なんだ」ということがわかります。

他のお客様の声なので、自分でイメージできないことでも、よりリアルな場面が想像できて、不安が解消でき、買う決心がつきやすくなるのです。

本書においても同じことが言えると思います。

たとえ私が、いくら「こうすれば売れますよ」とお伝えしたとしても、実際にそれを実践して売った人の事例がひとつもなかったら、本当にそうなのかと不安になりますよね。

ただ幸いにして、私自身もそうですが、研修や講座を受けていただいた方々は、実際に販売につながったという人がたくさんいらっしゃいます。全然売れないと嘆いていた販売員の方に接客指導をした直後に、立て続けに3名のお客様に販売ができた、というようなわかりやすい事例がいくつもあります。

こういう事例をお伝えすることで、「なるほど、本当にそうなれるんだ」というイメージが湧きやすくならないでしょうか？

何か食事をしようと思って、飲食店のレビューサイトをご覧になる方は多いと思いますが、あれもまさに、事例の集合体ですよね。他のお客様がどんな感想を持ったかを見て、「この店にしよう」と決めるからです。

だから、事例はかなり重要なのです。

ですから、そういった事例を増やすためにも、ふだんの店頭で意識しておかなければいけないことがあります。

それは、多くの事例を集めるために、**お客様の声を欠かさず聞く**ということです。

実際に商品を購入してくれたお客様が、またご来店いただくことがあります。そういったお客様を接客する際には、必ず、以前購入してもらった商品を使ってみてどうだったか、どんな場面で使ったか、などをヒアリングしていくわけです。

そうして、お客様の声を多く集めれば集めるほど、次の接客のときに、使える事例も増えていきます。

これは、お客様だけではなく、自分自身や、友人・知人の声でもかまいません。

とくに、商品を販売している販売員自身は、商品を使っている機会も当然多くなるのですから、事例が増える可能性も高くなります。なので、どんな場面で使ったのか、そのときにどう感じたのか、などの情報を忘れないようにストックしておくことで、こちらも同様に接客で活用できる事例となっていきます。

もちろん、一緒に働いている販売員の方々と情報を共有することで、さらに多くの事例を手に入れることもできます。

どんどん事例を集めて、それをお客様に伝えていき、「買おう」と決心してもらえる流れを作ってください。

事例を伝えることで、よりリアルなイメージをしてもらう

客単価を上げる提案のポイントを押さえておこう!

販売では、「何でもいいからひとつの商品が売れればそれでOK」ということは、あまり多くありません。なぜなら、売上げを上げるためには、客単価を上げることも考えなければならないからです。

たとえ、接客をするたびに商品がひとつずつは売れるという販売員がいたとしても、その額が毎回低ければ、客数をとにかく増やすしかなくなります。ですが、客数を増やすといっても、そう簡単にお客様が続けて来てくれるわけではありません。それに、どれだけお客様が来てくれても、1日で接客できる数には限りがありますから、結局客単価が低いままなら、売上げは伸び悩んでしまいます。だからこそ、客単価を上げられる販売員は強いのです。

客単価を上げるには、2つの方法があります。

ひとつは、買ってもらう商品の単価自体を上げること。より高額な商品を購入してもらうことができれば、それだけで客単価は上がります。

ただ、この方法は、お客様のニーズに合っている場合限定の方法です。ニーズに合っている商品の中で、より単価の高いものを提案することはできても、単価が高いからと言って、ニーズに合わない商品を提案することはできません。

そこで求められるのが2つ目の方法、買ってもらう点数を増やすという方法です。いわゆる、**「複数点販売」**とか**「セット販売」**と呼ばれる方法です（今回は、『セット販売』と呼ばせていただきます）。

1人のお客様につき、数百円でも数千円でも、毎回他の商品を一緒に販売できたとしたら、あなたの売上げはどのくらい変わるでしょうか？　1ヶ月単位などで見てみると、かなり大きく違ってくるはずです。言うまでもなく、セット販売は重要な販売技術なのです。

いくつかの商品をセットで販売するためには、大きなポイントがあります。それは、買おうとしている商品にどんどん足していくような提案ではなく、引き算で提案をしていくということです。

というのも、購買心理として考えると、一度「これを買おう」と決めたお客様は、そこに別の商品を足していくのが難しいからです。これは、買おうと決めた瞬間に、頭の中で財布からいくら払うかを決めてしまっているからです。そうなると、そこからさらにプラスしていくのは、とても難しくなります。

だから、「これを買おう」と決めてもらう前に、多くの選択肢を提供しておき、引き算をしてもらいながら決定に導くことが大事なのです。このやり方を私は、**「マイナスの提案」**と呼んでいます。

わかりやすいように、アパレルショップで、ジャケットに興味を示しているお客様を接客しているとしましょう。

ここでお客様に、いくらこのジャケットがよいということを語ったとしても、そのお客様の選択肢は、**「買う」**か**「買わない」**かの2択でしかありません。ここで「買う」を選択してもらえれば売れるのですが、先ほどお伝えしたように、そこからさらに別の商品をプラスすることは、とても難しいわけです。もっと言えば、最悪「買わない」を選択されてしまって、売れない可能性だってあります。

マイナスの提案をする場合は、提案の仕方自体が変わります。

ジャケットのよさを語りつつも、同時に、他の商品との合わせ方をお伝えしながら、どんどん商品を見せていくわけです。

「こちらのジャケットには、こういうインナーとパンツを合わせてもらうといいですよ。こんな色のパンツはお持ちですか？」のように、別の商品を見せていき、同時にさりげなくそれらの商品の魅力も伝えます。

これを増やしていくと、たとえば、ジャケット、パンツ、インナー、アクセサリー、バッグなど、4~5点の商品を見せることになります。こうすることで、お客様の心理的には、「ジャケットを買うかどうか」から、「この中のどれを買おうか」という心理に移行していきます。0か1かの提案ではなく、この中からどれを引き算していくか、という提案です。

この流れで提案をしていくと、自然とセット販売につながるのです。

しかも、さらにうまくこれができるようになってくると、

「こんな色のインナーはお持ちですか?」

「いやぁ、着たことないですねぇ」

「この色だと、こういう合わせ方ができますよ」

と、ジャケットは置いておいて、インナーのコーディネートが作れるようになっていきます。そうすると、ジャケットを購入するのはいつの間にか決定していて、別の商品がさらに売れる可能性が出てくるので、より多くのセット販売ができるようにもなります。

いかにお客様にマイナスの提案をしていくか? 自店の商品でどんな見せ方ができるかを考えて、準備しておきましょう。

マイナスの提案で、客単価アップを狙う

説得力を持った伝え方ができるようになろう！

接客では、販売員の説得力が高いか低いかは、結果をものすごく大きく左右します。

説得力のない（低い）販売員の言っていることは、あまり信用ができないので、お客様も不信感を感じてしまって、商品を買おうという意欲が湧いてきません。下手をしたら、せっかくお客様が買おうと思って来店してくれたのに、販売員の説得力がなさすぎることで、買う意欲を削がれてしまう場合すらあるほどです。

それに対して、説得力のある（高い）販売員の言うことは、より購買意欲が高まってくるし、「あなたが言うなら」と、思わず衝動買いをしてしまう、なんてことも起こります。

誰もがわかっていることなので、どうせなら、説得力のある販売員でいたいのは、みんな同じです。

では、どうすれば説得力という、実態のよくわからないものを手に入れることができるのでしょうか？　それには、いくつかのポイントがあります。とくに、接客において大事なポイントを押さえて、あなたも説得力を持った接客ができるようにしていきましょう。

1 自信の見せ方を心得る

自信ある態度・話し方というのは、説得力を持った接客には欠かせない要素です。自信がなさそうにしゃべる人と、自信満々の人とでは、その説得力に大きな差が出てしまいます。

まず大切なのは、姿勢と所作です。

姿勢の悪い人、とくに猫背になってしまっている人は、説得力が欠けているように見えてしまいます。自信を持って語っているのだと相手に伝わるように、あえて姿勢を正して、胸を張るようにして話をすると、お客様の目には説得力があるように見えます。

加えて、所作。とくに**手の動き**に関しては、注意が必要です。

説得力のある人は、話している最中にも、よく手を動かします。その動かし方も、ちょこちょこと細かく動かすのではなく、大きな素振りで動かしている人がほとんどです。大企業の商品発表会などで、プレゼンをする人を動画で見たことがあるという方は多いかと思いますが、ああいう場でも、手を大きくゆったりと動かしている人の方が、説得力があるように見えます。自分が接客をしている時の姿勢と所作がどうあるべきか、はロープレなどを活用して確認することが大事です。

2 声の扱い方

声の扱い方（コントロール）も、説得力を持った接客には欠かせません。こちらについては、次項でくわしくご説明します。

3 語れる理由を伝える

そして、個人的にとても重視しているポイントが、『語れる理由を伝える』というところです。これは、その道のプロとも言える販売員だからこそ、やるべきだと思います。

これだけではわかりにくいと思いますので、実例を挙げてお話ししていきます。

ある研修先のお店で、私が靴の接客についたときのことです。そのお店は、アウトドア系のアパレルブランドでした。そこでお客様が靴を選ばれていたので、私が接客をさせてもらったのです。

最初は、靴に関する簡単な商品説明や、お客様の要望を聞くためにヒアリングをしていたのですが、ある程度要望が見えてきたところで、私はこう切り出しました。

「私は日本橋三越という百貨店で、靴を専門に販売していたことがあります。お客様の足に合わせた靴を選ばせていただくお手伝いができると思いますので、いくつか商品をご紹介させていただいてもよろしいですか？」

こう伝えると、お客様はとても喜ばれて、接客を受けていただき、無事に私が提案した通りに商品をお買い上げいただきました。

何をやったかというと、その商品について、また、お客様への提案について語れる理由を伝えたのです。百貨店で靴を専門に販売していたという裏付けを伝えたことで、「この人は、靴のプロフェッショナルなんだ」と、お客様に理解してもらえたのですね。この時点で、お客様に対する私の発言は、すべて説得力を持つことになります。これは、どんな人にでも、伝え方しだいで可能なことです。

●「私は、これまで300人以上のお客様のお洋服選びをお手伝いしてきましたので、お客様のお力になれるかもしれません」

●「時計工房で、実際に職人さんの話をくわしく聞かせてもらったことがあるので、カタログに載っていない情報をお伝えさせていただきますよ」

など、どんなものを理由にするかはそれぞれですが、裏付けとなる確固たる数字や手段をお客様に伝えることで、一気に説得力が増します。

もちろん、嘘をついても仕方がないので、どういう伝え方をすれば説得力が生まれるのかはぜひ検討して、販売員同士で練習してみましょう。お客様の聞く姿勢がきっと変わります。

説得力を持った伝え方で、お客様を接客する

〝声〟の扱いにうまくなろう！

あなたの好きな歌手は誰ですか？

好きな歌手と一口に言ってもいろいろですが、「音楽性が好き」とか「歌詞が好き」といった中に、「声が好き」という場合もあるのではないでしょうか。そうです。人は、自分がよいと感じる〝声〟を聞くと、その声に魅了されたり、共感を感じてしまうものです。

ですが逆に、感覚的に受け付けない声というものもあります。

やたら、キンキンと甲高い声だと、耳障りに感じてしまうなんてこともありますよね。

なぜこういう話をしているかと言うと、接客は基本的に、言葉を使った、「会話」で行ないます。ということはつまり、〝声〟の重要性がとても高いということです。

常にお客様とのコミュニケーションで、〝声〟を発することになるので、その声がお客様にとって聴き心地のよいものであれば、コミュニケーションも円滑になるでしょうし、逆に耳障りだと思われてしまえば、逆の効果を発揮してしまいかねません。

ですから、販売員として、〝声〟の扱いにうまくなるということは、とても大きなスキルと言えるわけです。

実を言うと、(お恥ずかしい話ですが) 私は、学生時代にプロのミュージシャンを目指していたことがあり、路上で弾き語りをしたり、バンドでボーカルを務めていたこともあります。大っぴらに言っていませんが、音楽系の専門学校に通っていたこともあり、ボイストレーニングを受けていた経験もあるせいか、声にはすごく敏感です。

そういう経験から、販売員はもっと〝声〟に関して、興味を持つべきだと思っています。

あなたは自分の接客中の声を、録音して聞いてみたことがあるでしょうか？

自分がどんな声で会話をしているか、リアクション（あいづち）を打つときには、どんな声を発しているか。呼び込みをしているときは？　クロージングをかけているときは？

こういった声について、真剣に考えてみると、販売力が向上する可能性があります。

たとえばですが、お客様に商品の魅力をお伝えする際、声のボリュームを下げると、よりその魅力が伝わりやすくなるということがあります。

これは、同じボリュームでしゃべり続けると、大事なフレーズが流れていくのに対して、重要なポイントを伝えるときだけ、ボリュームを下げることで、お客様の聞く姿勢を作ることができるからです。私もよく使う技術ですが、これによってお客様は、その商品により魅力を感じてくれて、「え？　本当ですか？」と興味を示してくれることが増えます。

こうした〝声〟の扱いにうまくなり、コントロールができるようになると、接客中のお客様の反応を変えることができるようにもなります。

そのための方法として、次の2つのポイントを意識することをお勧めします。

ひとつは、今もお伝えした「**ボリューム**」。声の大小といった、「大きさ」のことですね。

大きな声で接客をすることは、元気があってよいとは思いますが、それが必ずしもお客様にとってよいこととは限りません。

声が高い人の大きな声は、とても甲高く聞こえやすくて、接客を受けているお客様にとっては、耳障りに聞こえてしまうこともあります。そういう人の場合は、あえて声のボリュームを少し下げることで、落ち着きはあるけれど、元気のよい声に聞こえます。また、接客中、まわりに他のお客様が増えてきたときには、あえて商品の特徴などを大きめの声で伝えるということもできます。そうすることで、他のお客様に対しても商品の魅力を同時に伝えることができて、手が足りないときなどには、1人で数名のお客様を接客しているような状況を作り出すことができます。

そして、もうひとつのポイントは、声の「**トーン**」です。つまり、調子ですね。

大事な話をするときなどには、あえて声のトーンを下げることで、お客様に関心を持っていただくことができます。

たとえば、私がよく使っていたやり方としては、時計の接客をしていたときに「実はこの商品、手に持った人にしかわからない特徴があるんですよ」というようなことを、声のトーンとボリュームを下げて、お客様に伝えていました。そうするとお客様は、急に声のトーンが下がったので、「何か大事なことなのかな？」と感じてくれて、身を乗り出して話を聞こうとしてくれるのです。よくドラマなどで、ヒソヒソ話をするときに、急に小声になったりしていますが、あのイメージです。

この2点を意識して、〝声〟のコントロールができるようになるためには、まず自分自身の声を把握する必要があります。細かい説明は省きますが、自分の耳に聞こえている自分の声と、他人の耳に聞こえている声は違います。ですから、スマホなどで録音や録画をして、自分の声を聞いてみることが大事です。そして、周囲の人にも、どんな声に聞こえるかを聞いてみるのもいいでしょう。「声がうるさく聞こえるときがある」といった意見が出てくれば、それは今すぐにでも改善すべきことです。

声のコントロールができると、接客の言葉（フレーズ）の伝わり方も変わり、接客の幅が大きく広がります。

自分の〝声〟を知って、声をコントロールできるようになろう

「責任を取る」と言ってしまおう！

お客様に未来がしっかり提案できて、購入後の体験も想像させることができたとしたら、ほとんどの場合、商品を購入していただくことはできます。

しかし、そうは言っても、「う〜ん、いいんだけど……どうしようかなぁ」と迷われるお客様がいらっしゃるというのも事実です。

私自身、提案が完璧にできたと感じていても、「いやぁ、ほしいんだけど迷うなぁ」と言われてしまったということは何度もあります。

お客様からすれば、大事な大事なお金を支払うことになるのですから、迷うのは当然のことです。もちろん、そこまで迷わせないように提案を進めていくことが大前提なのですが、決めるのはお客様なのですから、そうとばかりも言っていられません。

そういうとき、販売で必要とされるのが、「**クロージング**」と呼ばれるものです。

ビジネスにおいての「クロージング」には、「契約を締結する」という意味があるのですが、接客販売の世界ではほとんどの場合、「お客様が商品を購入してくれるように購買決定を促す」という意味合いで用いられます。簡単に言ってしまうば、「買ってくれるようにするための最後のひと押し」のような表現になるでしょうか。言い方は悪いかもしれませんが、とにかく、迷っているお客様の背中を後押しして、買ってもらおうということです。

とまあ、口で言うのはとても簡単なのですが、これが実際の接客ではなかなか難しいポイントでもあります。なぜって、お客様が今目の前で買うかどうかを迷われているところへ、「迷わないで買ってくださいよ」とは言えないからです。それですむのならどれだけ楽かとも思いますが、おそらく実際にそう言ってしまったとしたら、クレームに発展するか、よくても、不快な思いをさせて店を出て行かれてしまうことでしょう。

では、どういうクロージングをするべきなのでしょうか？

これについては、研修先の販売員さんや、メールマガジン・ブログの読者の方からもよく聞かれます。「どう言えば、お客様は買ってくれますか？」なんて聞かれ方をされるのです。いわゆる、「殺し文句」的なことを求められるのですが、ここではっきりとお伝えしておきますね。そんな都合のいい言葉はないのです。

ですから、そんな言葉を探し求めるだけ、時間の無駄なのです。

ただ、ここだけの話、実を言うと、ひとつだけどんなお客様相手にも言える言葉があります。それは、**「責任を取る」**という言葉です。

まず、クロージングで重要なのは、お客様が悩んでいる理由です。何に対して違和感や不安を感じているのか、をまずは引き出す必要があります。そこについては、「失礼かもしれませんが、どこか引っかかる点がありますか？」「せっかくなので、どこでお悩みになっているのか教えてもらえませんか？」など、いろいろなヒアリングの仕方で、悩んでいる理由を引き出していかなければいけません。

そして、そのお悩み（違和感や不安点）に対して、解決策を提示するのです。これがクロージングで最も重要なポイントです。

しかし、それでも迷われてしまうお客様もいます。それは、不安も解決できているんだけれど、あと一歩の勇気が出ないというお客様です。

そこで販売員が言えるのが、「責任を取ります」という言葉なのです。これは、その道のプロである、その店の販売員だからこそ言える言葉でもあります。

以前、私も尊敬するあるアパレル販売員が、ロープレコンテストでこんなことを言われていました。シャツを買おうかどうか迷っているお客様に対して、

「もしもの時は、私が責任をもってまた新たなご提案をさせていただきます」

そこまでの間、お客様に対してしっかりとした提案ができており、お悩みや不安もすべて解決策を提示された上で、この言葉を発されたのです。お客様とすれば、「そこまで言われたらこの人に任せてみよう」と思ってくれた瞬間でした。

私自身、この言葉はよく使っていました。

もちろん、お客様のお悩みに寄り添ってしっかりと提案をした上で、それでも迷われるお客様に対してですが、「今回は私に任せてください。後悔させてしまったら、そのときは責任を取ります」というようなことを言っていたのです。

この言葉を使うのには、当然それなりに勇気が要ります。「責任を取る」と言う以上は、お客様から何か言われたときに逃げるわけにはいきません。でも、それが言える販売員というのは、やはりそれだけで、絶対的な安心感を持っているわけです。

あなたがよい接客ができたと思えるときには、そのお客様と長いお付き合いをするためにも、こういうクロージングをすることもできます。

売る責任を取るという言葉は、安心感を与える

4章

チャンスを逃さないために

お客様は「1分の1の接客」を受けてくれていると理解しよう！

接客販売という仕事は、数多くのお客様の相手をする仕事でもあります。おそらく、本書をお読みいただいているあなた自身も、毎日、数多くのお客様を相手に接客をされているのではないでしょうか？

実際、私も多くの販売現場で働いてきましたが、店によって数の差こそあれど、毎日それなりの人数のお客様を接客させていただきました。

しかし、ここに接客の落とし穴があります。

それは、毎日多くのお客様を接客していると、しだいに、お客様一人ひとりの大切さを忘れがちになってしまうということです。

ふだん、店頭に立っている間のことを思い返してみてください。あなたは1日のうちに、どれくらいの人数のお客様に出会っているでしょうか？　接客をしていないお客様でも、お店に入ってきてくれるお客様も含めて考えてみましょう。少ない人でも、10人前後の数になるでしょうし、多い人なら、3桁の人数になるかもしれません。

さて、あなたはそれらのお客様の顔を思い出せるでしょうか？

実はこうやって聞いてみると、ほとんどの販売員は、お客様の顔を思い出すことができません。しっかり接客ができたお客様ならまだしも、一声かけたくらいのお客様や、お店に入ってきてくれはしたものの、接客まではいかなかったお客様については、あまり覚えていないのです。

なぜなら、それらのお客様への接客が、**「数十回のうちの1回」**になってしまっているからです。

販売員が店頭に立っている間は、たくさんのお客様と接することになります。しかし、毎日そうやってお客様と接していると、お客様1人ずつを見なくなってしまい、大勢いらっしゃるお客様のうちの1人という感覚になってしまうのです。

そうすると、多少そのお客様に対しての接客が甘くなってしまったとしても、「まぁ、たくさん接客するうちの1回だからいいか」とか「次のお客様で頑張ればいいか」といったことを考えてしまいます。

でも、たとえ販売員から見て、そのお客様に対しての接客が「数十回のうちの1回」だったとしても、お客様は決してそうではありません。

お客様から見れば、そのお店の代表者は〝**あなた1人**〟なのです。販売員にとっては、

100分の1のお客様でも、お客様にとっては、1分の1の販売員ということですね。

ですから、もしそこで、先ほどのような「たくさん接客するうちの1回だから」という感覚で、雑な接客をしてしまったり、不快にさせてしまうような対応をしてしまえば、そのお客様はもうその店を選ぶことはなくなってしまいます。たった1回の接客で、お客様からの信頼を失ってしまい、それ以降、リピートしてもらえるチャンスすらも奪ってしまいます。

しかも恐ろしいことに、悪い噂というものは、すぐに広まってしまいます。今はとくに、SNSやレビューサイトなども充実していますから、簡単に、「あの店の店員の態度が悪かった。二度と行かない」という口コミが広まってしまいます。そうなると、1回の接客の代償は、どんどん大きくなってしまいます。

だからこそ、販売員なら、常に全力で1回ずつの接客に向き合っていただきたいのです。

その1回の接客が、お客様にとってよいものであれば、2回目、3回目と来店してもらえる、「次のチャンス」が生まれます。逆に、その1回の接客がお客様にとって悪いものになってしまえば、「次のチャンス」はなくなります。

もちろん、毎日の仕事の中で、体調が悪い日や、疲れが出てしまうというときだってあるでしょう。その気持ちも、十分に理解できます。

でも、それでもお客様は、あなたのたった1回の接客で、あなたのお店やブランドを判断してしまうという事実は変わらないのです。店頭に立って接客をする販売員というのは、それくらいの責務を担っているのです。逆に考えれば、それだけ誇り高い仕事なのだと、私は考えています。

正直、販売員ほど、「一期一会」という言葉がぴったりの仕事はないと思います。それくらい1回ずつの接客が重要なのです。

私自身、来店してくれたお客様に対して、常に全力で接客をするという意識は忘れないようにしています。その意識こそが、目の前のお客様を幸せにする第一歩だとも考えているからです。しかしそれでも、ときには、「まぁ、1回くらいならいいいか」と思ってしまいそうになることもあります。そんなときは、「目の前のお客様が、家族だったら」と考えるのです。家族に対して、適当な提案や、適当な対応はできませんよね。よいものを買ってもらえるように全力を尽くすはずです。そうすることで、気を抜きそうになるときでも、よい接客をしなければという意識に引き戻すことができます。

ぜひ、あなたなりに、1回の接客を大事にする方法を見つけてみてください。

目の前のお客様を接客するチャンスは1回しかない。だからこそ1回ずつを大切に

"オススメ"の使いどころを考えよう！

接客をしていると、ついつい使ってしまいがちな言葉があります。「**オススメ**」という言葉です。

私も使ったことは数え切れないくらいあるし、おそらくあなたも、1日のうちに、口にする機会はあるのではないでしょうか？

しかし、この「オススメ」という言葉をやたら使うことは、オススメしたくありません。というのは、「オススメ」という言葉そのままでは、あまりにも曖昧な言葉だと感じるからです。

たとえば、「こちらは新商品なので、オススメですよ」というような接客をする人がいます。あなたもお客様に言った記憶はありませんか？

よくありがちなフレーズなのですが、これってはたして、誰に対して、何がどうオススメなのでしょうか？ よくよく考えてみると、どうもはっきりしませんよね？

こうして改めて聞かれてしまうと、とたんに言葉に窮するのが、よくないオススメの使い方です。

本当にお客様にオススメをしたいというのであれば、その提案が、「そのお客様にとって、具体的にどうオススメなのか」その理由までがセットになっていることが大前提です。それでこそ、「オススメ」という言葉が、はっきりとした意味を持ちます。

先ほどの、「こちらは新商品なので、オススメですよ」というフレーズは、新商品であることを伝えたいのでしょうが、それだけで目の前のお客様にオススメできるかというと、意外とそうではありません。そのお客様が、新しい商品を求めているのではなく、まったく違うニーズを持っていたとしたら、オススメ商品にはならないからです。

ですから、あくまでも、お客様が何を望んでいて、それに合う商品や提案がどんなものかを理解することでしか、オススメなどできるはずはないのです。

これがわかっていない販売員ほど、あれもこれも「オススメです」と軽々しく口走ってしまい、結局、お客様がどれを買えばいいのかわからないまま、決定に至らなくなってしまいます。もしかすると、あなたの働くお店にもいるかもしれませんが、いつまで接客していても、お客様が商品決定に至らない人を見たことはありませんか？　そういう場合も、よくよく観察してみると、「こちらがオススメですよ」「こちらの商品もオススメなんです」と、どんな商品でもオススメしていたりするはずです。

これを改善するために、とても簡単な方法があります。「オススメです」という言葉を使うのであれば、それを**1回だけに限定**しまうのです。接客の中で、「オススメですよ」という言葉を1回しか使ってはいけないと、自分でルールにするのです。

そうすると、1回しか使えない「オススメです」という言葉を、いつ、どんなタイミングでお伝えするか、ものすごく考える必要が出てきます。

こうすることによって、お客様のニーズをしっかり聞き出さないと、オススメできなくなってくるし、お客様の求めるモノに合致する商品がはっきりわからないと、オススメできないこともわかります。

勘違いしてもらいたくはないのですが、ここで大事なのは、使う回数を、「絶対に1回にしなければいけない」ということではありません。

あくまでも目的は、回数を減らすことではなくて、「オススメです」という言葉そのものの重みを理解して使うことにあるのです。実際、私も、これについては、かなり意識しています。

いろいろな商品の販売をしてきただけに、仕事以外でも、知り合った人たちから、「○○でオススメのものとかありますか?」と聞かれることがあります。最近で言うと、「スーツに合わせるのに、オススメの靴って何かありますか?」と聞かれました。

私の中では、好きな靴や、いいと思う靴はたしかにあります。しかし、だからと言って、

「〇〇はオススメですよ」と、軽々しくは言いません。その人にとって、本当にオススメできるかどうかは、価格や質や、使うシーンによって変わってしまうからです。

だから、「どんな状況で使いたいのですか?」「予算はいくらくらいですか?」「着るスーツは、どんなデザインですか?」など、いろいろなことを確認した上で、最終的に、「だったら、これがオススメですよ」と伝えます。すると、聞いてくれた人も納得して、「じゃあ、それを使ってみます」と言ってくれます。

「オススメです」という、たった一言の言葉でも、意識の仕方によって、言葉の重みは大きく変わります。できる販売員ほど、軽々しく言わない言葉なのです。その重みをいかに作るか。まずは、「1回の接客で1回しか使わない」など、制限をかけてみて練習してみると、接客の質がグンと変わりますよ。

オススメという言葉の使い方を変えると、接客の質が変わる

商品を「お客様のもの」にしよう！

特に、物販店での接客において大事なのが、商品を「**お客様のもの**」にすることです。これが上手な販売員の接客を受けると、いつの間にか、商品を買ってしまっているということがあるくらい、「大事だなあ」と感じます。

商品を「お客様のもの」にするというのは、どういうことかと言うと、お客様が、さも自分のものだと感じるようにするということです。

とても簡単な方法では、お客様に**実際に商品を持ってもらう**という方法があります。たとえば、私が靴を販売していた頃、こんなことがありました。

定番商品で、重さはあるけれど、とても履きやすいという靴があったのですが、接客の際には、そのまま「重さはあるけれど、履きやすいんですよ」ということをお伝えしていました。しかしその伝え方だと、お客様は「そうなんですか」と、なかなかそれ以上の興味を示してくれないのです。何回接客をしても、その靴を試着してくれる人は多くはありませんでした。そこで、私は接客の仕方を変えてみることにしました。「重さはあるけれど～」とお伝えしていたのを止めて、「この靴、このくらいの重さなんです！」と、実際に靴を手に持ってみてもらうようにしたのです。

　すると、それまではたいして興味を持ってくれない人がほとんどだったのに、手に持ってみてもらい出したとたんに、「あ、結構重いんですね。こんなに重いと疲れませんか？」といったように、興味を持ってくれる人が増えはじめたのです。そこで、「そう思われますよね、ですが〜」と接客がスムーズになり、試着率も急増しました。

　これは、お客様が自分の手に触れてくれたことで、より重さの実感が湧いたことが大きな要因です。

　そしてさらに、お客様のものにしてもらうために、あることをするようにしました。それは、試着をしてもらったら、しばらく試着し続けてもらうことです。これがかなりの効果を示し、上がった試着率に加えて、購買率まで向上したのです。

　ここでやることは、とてもシンプルです。お客様に試着をしてもらったら、そのまま他の商品の話や、別のトークで、試着してもらったままにする。そうして、着用したまま時間をかけて、お客様自身に見慣れてもらうということです。たったのそれだけです。

　それにもかかわらず、なぜ購買率が上がるのか。あくまでも推論ですが、これこそ、**商品がお客様のものになるから**だと、私は考えています。

　あなたも、洋服や靴を買いに行った時に、試着をしたことがあると思います。ですが、そこで試着をしたばかりのとき、「可愛いんだけど、私に似合っているかな?」「かっこいいと思って着てみたけど、似合っているかどうかわからないな」と思ったことはありませんか?

そうなのです。試着をしたばかりのときというのは、自分（お客様）自身が見慣れていないので、素直によいと思えないことが多いのです。とくに、ふだん着慣れていない服や、身につけ慣れていない小物などであれば、なおさらです。

ふだんから買い物に慣れている方であれば、それでも自分で判断ができることが多いのですが、そうではないお客様は、「いやいや、やっぱり自分には合わないや」と違和感を感じて、諦めてしまう方が少なくありません。ですが、そう思ってしまうのも、『お客様のもの』になっていないから、ということもあるのです。

ですから、しばらく時間をかけて、『お客様のもの』にしてもらう猶予を作ります。するとお客様も、最初は見慣れていないせいで違和感を感じていたのが、徐々に見慣れてきて、「あれ? けっこういいじゃないか」と、よさを理解してくれるようになります。

私の場合は、最初に鏡で見ていただいて、「う〜ん」と反応がよくない場合でも、しばらくそのまま着用してもらっていました。そしてしばらくの間、他のトークをしながらも、何度か鏡で見てもらっていると、徐々にお客様の反応が変わってきて、「やっぱり、これ可愛いですね。買います」と言ってもらえることが増えていったのです。

この方法は、そんなに難しいことではないので、ぜひ使ってみていただきたい手法であります。

ちなみに、どのくらいの時間、そのまま着用してもらうかというと、私の場合は、約3分間くらいを目安にしていました。鏡で見てもらう回数にすると、3〜5回くらいです。このくらいの時間や回数、お客様に何度も見てもらうと、お客様はしだいに慣れてきて、自分のものになった感を感じてくれます。これも、商品によって変わる部分だと思うので、ご自身で初めて着用する商品が、どのくらいの時間で見慣れてくるか、試してみるのもいいかもしれません。本当にお客様の購買率が変わってきます。

1回の試着でダメだったとしても、またもう一度試着をお勧めすることもできます。どうすれば、見慣れてもらえるか考えて、トライしてみてください。

お客様に見慣れてもらい、商品をお客様のものにしてしまう

お客様を迷わせない接客をしよう！

接客をしていると、ときに、お客様が迷ってしまわれることがあります。「どっちがいいのかな……」と迷われる分にはまだいいのですが、それが原因で、「ちょっと決めきれないので、また今度にします」と言われてしまうと、販売員としては、辛い思いをすることになります。

それを回避するために、いわゆるクロージングのつもりで、「今買わないと、なくなるかもしれませんよ！」とか、「今日だけの限定品なんですよ！」といった言葉を使って売ろうとする人もいます。しかし、それで買ってくれたとしても、無理に買わせてしまっては、お客様に後悔をさせてしまう恐れもあります。ですから、クロージングにも気をつけなければいけませんが、その前に、このような場合は、**お客様を迷わせない接客をすること**が大切です。

そもそも、お客様が迷う場合は、販売員側の提案が、お客様を迷わせてしまっている可能性があります。

前にも、「やたらめったら、オススメをしてしまうとよろしくないですよ」ということをお伝えしましたが、そんな提案をしてしまっていることで、お客様が、どれを買っていいかがわからなくなってしまっていることもあるわけです。そうならないように、きちんとお客様のニーズに合った商品を提案していかなければいけません。

でも、それでも実際には、迷ってしまうお客様はいらっしゃいます。そこでチャンスを逃さないようにするためには、次のようなことを接客に盛り込んでいくことが求められます。

●メリット、デメリットを伝える

お客様が、商品を比較して悩んでいる場合は、どちらにもメリットを感じている場合が多いのです。「Aの商品はここがいいんだけど、Bのこれも捨てがたい」という状況です。この場合は、もう一度しっかりと、メリットが何なのかを改めて確認します。すると、まずはそれぞれの商品のメリットが何なのかを整理することができます。そうしたら、同時に、デメリットについても整理をします。

デメリットをきちんと伝えられない販売員は、結構多いのです。なぜなら、デメリットは商品の悪いところ・欠点とも置き換えられるので、お客様の購買意欲が下がってしまうと思っているからです。しかし、お客様からすると、それも織り込み済みで購入しないと、後々、満足度が下がってしまいかねません。「よい」と思って買ったはずが、後になって、「言っていた話と違う」という思いをしたくないわけです。ですからむしろ、きちんとデメリットを教えてくれる販売員の方が、よっぽど信用ができるのです。

そこで、メリットを整理するのと同時に、それぞれのデメリットも合わせてお伝えして、整理することで、お客様は、判断する材料が増えることになります。

案外、「そんなデメリットがあるのは困る」ということがわかって、迷いがなくなるお客様も多いのです。だから、デメリットを伝えることもひとつの方法と言えます。

ただ、これでもまだ悩んでしまうお客様はいることでしょう。

そういうときには、さらにもう一段階踏み込んで、「**目的**」に焦点を当てて、比較検討をしてもらうといいでしょう。

先ほどの、「メリット・デメリット」の話は、あくまでも手法の話です。本来、比較検討で最も重要なのは、根本的なお客様の「目的」にあります。「目的」に合う商品でなければ、たとえどれだけのメリットがあったとしても、買う意味がないからです。

たとえば、「彼女にネックレスをプレゼントして喜んでもらいたい」というそもそもの目的があるにもかかわらず、「価格が安いから」とか「誰が見ても可愛いから」といったメリットだけでは、買う理由にはなりません。

それよりも、プレゼントを渡す相手である彼女の好みに合っているかどうかが、よほど重要度は高いはずです。その上で、価格が安いとか、他の人から見ても可愛いと思ってもらえる、というメリットが活きてきます。そうでないと、せっかく買っていただけたとしても、後日、「思っていたのと違った」と返品交換に来られてしまう可能性が高くなってしまうのです。

ですから、順番が前後してしまわないように、お客様が迷われてしまった場合は、まず、目的が何なのかを再度確認しましょう。

「ここまでをもう一度整理しますが、目的は△△でお間違いないですか？」というように確認することで、お客様も再度目的を認識することができます。そうすれば、「それでしたら、こちらの商品が、こういう理由で、お客様の目的に合いますよ」と、お客様の求める目的に合った提案がきちんとできます。

「その目的なら、ここは絶対に外せませんね」ということを伝えられるようにすると、お客様の迷いも吹っ切れやすくなるので、比較検討で困ってしまったら、ぜひ、目的を再確認することを忘れないようにしてください。

お客様が迷ってしまったら、目的を再確認する

お会計を真剣に考えよう！

商品を販売するという行為には、絶対に避けて通れないことがあります。それは、お客様にお金を支払っていただくことです。販売員側から見ると、「お会計」のタイミングが、まさにそこにあたります。このお会計に対して、あなたはどれだけ重要視できているでしょうか？

わざわざこんなことをお伝えしているのには、当然わけがあります。お会計のタイミングになったとたんに、接客が雑になってしまう販売員やお店が多いからです。

それまで、とても楽しく会話が弾んでいたのに、商品を買っていただくことが決まったら、急に販売員がトーンダウンしてしまう。それまで、とても親身に接客をしてくれていたのにもかかわらず、お会計になったら、急に雑な対応になってしまう。そんな経験をしたことはありませんか？

この「お会計」というタイミングは、販売において、実はものすごく重要度が高いポイントでもあります。なぜかというと、この瞬間は、販売員にとっては、買ってもらえることが決まって一番気が抜けやすいときであり、お客様にとっては、「この商品を買って、本当によかったのかな？」という不安を感じるタイミングでもあるからです。

「お会計」はイコール、売買契約を結ぶということでもあります。つまりお客様は、大切な〝お金〟を支払わなければいけないわけですから、非常に慎重になります。そこで、「やっぱり買ってよかった」と感じてもらうか、それとも、「買って失敗だったかもしれない」と感じてもらうかは、お会計時の対応によっても変わってしまいます。

たとえば、大きなお買い物をした経験のある方なら、おわかりかもしれません。数十万円、数百万円という金額になれば、当然、お金を支払う際には、相当な勇気が要りますよね。車や家など、とくに大きな金額のお買い物では、ローン契約をする場合もあります（高級時計などでも）が、ハンコを押すまでには、いろいろなことを考えることでしょう。もしそこで、契約をする相手である営業マンや販売担当のスタッフの態度が悪かったら、どう感じますか？「はたして本当に契約していいものだろうか？」と、考えてしまいます。

小売店でのお会計でも、同じなのです。お客様が商品と引き換えにお金を払うということには、なんら変わりはありません。そこで販売員が、ものすごく不快な態度をとってきたら、やはりお金を払うのをためらってしまうお客様もいます。たとえ、購入してくれても、「次もまたあそこへ行こう」と思ってくれる確率は少なくなってしまいます。

お会計と同時に、「この店で、お金を使ってもらうことは間違っていないんですよ」と、お客様の後押しをするくらいのことができれば、次回のご来店につながります。

だから、お会計を甘く見てほしくはないのです。

たとえば、お会計でレジ担当が変わる場合もそうです。

セール時期など、お客様が多くて忙しい時期などには、レジ担当と接客担当が分かれる場合があります（大型店などにも多いスタイル）。

こういう時、接客をしてくれていた販売員の方はとても親切に接客をしてくれていたのに、お会計で担当が変わったら、ものすごく面倒くさそうにされてしまった、なんて話をよく聞きます。忙しくて、何度もレジを打つのに疲れているという気持ちはわからなくもありませんが、このタイミングでひどい対応をされてしまったお客様は、お店に対してものすごく悪い印象を持たれてしまいます。

人の記憶は、近い記憶から残っていくものですから、お店で接客を受ける最後のタイミングでもある「お会計」で、雑な対応をされたことは、お客様の記憶にも残ってしまいます。あとあと、お店のことを思い出してくれたとしても、「あの対応の悪い店か」と思われてしまうかもしれませんね。たとえ、レジで担当が変わる場合でも、レジ担当の方は、丁寧な接客が必要だし、接客を担当していた方も、レジ担当の方に丁寧な対応をお願いすることも、ときには必要です。せっかくそれまで好感度が高かったのに、台なしにされてしまうかもしれないのですから。

また、まわりのスタッフたちにも、お会計時には気を遣ってもらいたいと思います。一度本当にあったことなのですが、私がレジでお会計をしていると、レジ向こうのバックヤードの扉の奥から、「やっと売れたよ～」という声が聞こえてきたことがありました。私を接客してくれていた方ではなかったのですが、他のお客様のことを話していたとしても、決してよい気分はしません。この声で、私のせっかくのウキウキお買い物気分は、台なしになってしまいました……。

優れた販売員ほど、「お会計」の瞬間を大切にします。「私たちの商品やサービスにお金を遣ってくれて、ありがとうございます」という気持ちが、言わなくても伝わってくるのです。その気持ちは、一人の販売員だけではなく、お店の全員が本来持っておくべきものです。そうすれば、他のお客様がお会計をしているときに、バックヤードから「やっと売れたよ～」なんて聞こえてくることはありません。

せっかくお客様が気持ちよくお買い物をしてくれる、「お会計」というタイミングで、それまで頑張った接客が、すべてパーになってしまわないようにしたいものです。

購入が決まっても安心しないで、最後まで手を抜かない

使うツールにも気を配ろう！

お会計の重要性についてお伝えしましたが、合わせてひとつ、お伝えしておきたいことがあります。それは、ペンのことです。

私は、販売員として店頭に立つとき、常に3本以上のボールペンをジャケットの内ポケットなど、すぐに取り出せるところに用意していました。1本は、書きやすい普通のボールペン。残りの2本は、太さや長さが少し違う、少し高級なボールペンです。

普通のボールペンは、基本的に、私自身が使うためのもの。店頭では、伝票を書く時など、書き物も少なからずあるので、そういうときにも使います。

残りの2本の高級なボールペンは、お客様用です。とくにお会計時などは、クレジットカードのサインや、個人情報をいただくなどで、お客様にボールペンをお貸しすることがありますよね。そこで、100円均一で売っているような、安いボールペンをお客様に差し出してしまうと、場合によってはとても不安にさせてしまうこともあります。私も、かなりの金額の大きな買い物をするときに、契約書に名前を書いてくれと言われて差し出されたボールペンが、明らかに100均のボールペンで、ものすごく心配になったことがあります。

そんな思いをさせないためにも、千円くらいでも十分なので、少し見栄えのよいボールペンを使うといいでしょう。最近は、安くてデザインのよいものも増えました。

ちなみに、私が長さや太さの違うものを2本持つのは、急にインクが切れても対応できるようにという理由と、お客様の手の大きさによって、書きやすいボールペンをお渡しできるようにという理由です。そのくらい、ボールペンひとつを取っても、気を配ります。

「そんなに細かいことまで、気にしなくてもいいじゃないか」と、思われるかもしれません。違います、逆なのです。そんなに細かいところだからこそ、きちんと気を配ることで、あなたのプロ販売員としてのイメージは作られていきます。

たとえば、伝票記入に使うボールペンを、自分とお客様とで使い分けている様子を、お客様が見たら、どう感じると思いますか？「ちゃんとそこまで考えているんだ」と感じて、そのプロ意識を感じてくれるかもしれませんよね。お客様自身も、ちゃんと大切にされていることを感じてくれることでしょう。

ふだん、当たり前に使っているツール（道具）ひとつで、「レベルの高い販売員に接客されている」と感じてもらうこともできるということです。

販売員は、数多くのツールを使います。ここで少し整理してみましょう。

■必須アイテム

- ●ボールペン
- ●電卓
- ●メモ帳（手帳）

■業種によって変わるツールの例

- ●布メジャー：主にアパレルショップで、お直しの際に使用。
- ●靴べら：靴店や、アパレルショップで試着時に使用。
- ●ばんそうこう：万が一、お客様が怪我をされた時用。靴店では、靴擦れ用。
- ●クロス（布）：商品を綺麗に拭く用。雑貨系のショップでは必須。

よくありがちな必須アイテムを並べてみましたが、これらもぜひ、気を配っていただきたいところです。電卓も、使い勝手はもちろんのことですが、アパレルショップのスタッフであれば、できるだけオシャレな電卓を使っていると、それだけで、オシャレに気を使っていることがわかり、プロっぽさが増します。メモ帳だって、安く買おうと思えばいくらでも安いものは売っていますが、たとえば、そこに革製のカバーなどを使っていたりすると、やっぱりオシャレに見えます。靴べらにもいろいろなデザインがあるし、ばんそうこうなどは、

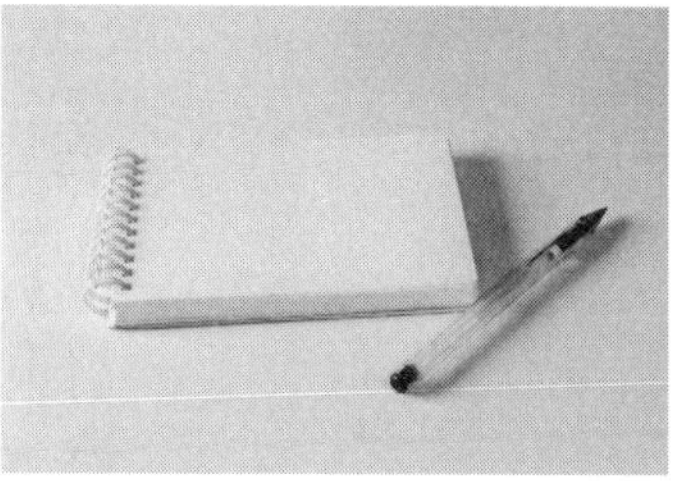

100円均一で買ったような、あまりに安っぽい印象を与えるメモやペンは避けておきたいところ

お客様にお貸しすることもあるペンは、高級感や話題性のある書きやすいものに。
キャラグッズ的なものは、好みが分かれるので避けておくのが◎

持っていればそれだけで、スマートに対応することができます。

販売員は、見た目に気を使うのが当たり前です。第一印象の項でもお話ししましたが、着ている洋服や、使っているツールにもそのプロ意識は表われるものなのです。

ぜひとも、ツールを使っている様子をお客様が見たときに、「この人はプロだな」「この人に接客してもらえれば安心」と思ってもらえるようなツールを使ってくださいね。

ツールにも気を配ることで、プロ販売員だと認識してもらう

お客様を練習台にしない意識を持とう！

接客販売を始めた頃から、今までずっと、本当に不思議に感じていることがあります。

それは、「お客様第一」とか「顧客満足を大切にしよう」とか言っている業界にもかかわらず、**お客様を練習台にしている現実**が販売業界には根付いてしまっていることです。

どういうことかと言うと、それは私自身の経験から来ています。

最初にアパレルショップで販売を始めた当時の私は、販売のイロハなど何も知らない、超がつくほどのド素人でした。一応、実家が日本料理屋を営んでいて、アルバイトをしていた経験もあったので、接客自体をやったことはありましたが、だからと言って、モノの売り方を学んできたわけではありません。ですから下手をすれば、来店されるほとんどのお客様よりも、洋服に関する知識は少なかったかもしれませんし、そもそもどうやって声をかければいいのかとか、どうやってお客様に商品を提案すればよいのかなど、何も知らなかったわけです。

そんな私に最初に課されたミッションは、「とにかくお客様を接客して覚える」ということでした。声かけの仕方も、「とにかく声をかけてみて」、提案の仕方も「まずはお客様に提案をしてみてから」。そうして失敗を繰り返していく中で、成功するパターンを作っていくことを求められたのです。当時の私は、そう教えられたので、そうすることが普通なのだと思っていたし、教えてくれた先輩や上司も、そうやって教わってきているので、それが当たり前なのだと考えていたのだと思います。

ですが、本当にそうなのでしょうか？

言ってしまえば、何もやり方を知らない素人同然の販売員に、「とにかく接客をしていく中で覚えて」「とにかく失敗を繰り返して成長して」と教育している。これはつまり、「お客様を練習台にして」と言っているのと、同じことではないでしょうか？

ここに私は、とてつもない違和感を覚えてしまうのです。そして、現在、販売業界が陥っている、「接客が嫌われる」という現象も、元を正せば、これが原因なのではないかとさえ考えています。

実際、自分に置き換えてみたらそれがどういうことなのかは、すぐにわかりますよね。

自分が必死に働いて貯めたお金で、いつか買おうと思っていた商品があって、お店へ行きます。そこで接客をしてくる販売員が、あなたのことを「このお客様で失敗して、成長すればいい」という練習台として見ているとしたらどうでしょうか？　決してよい気分はしませんよね。でも、ほとんどのお店では、それが当たり前なのです。私が働いてきた職場も、やはりそうでした。トレーニングなど、まともにやる機会はほとんどなく、常にお客様を練習台にして学んでいく。批判したいわけでも何でもなくて、それが普通のことになってしまっているのです。

「接客をされるのが嫌だ」という声を聞く機会は、この数年で本当に増えました。もちろん、AIやネット販売の普及など、テクノロジーの発達も大きな要因ではあります。でもそれと同時に、誰でも簡単になることができるけれど、販売のノウハウなどまったく持っていないという販売員を、そこかしこのお店に立たせ続けてきて、今も同じことを続けている、業界全体の慣習もある気がします。

現に、「接客をされるのが嫌だ」という声の中身をよく見てみると、

- 「売り込まれ感が強くて嫌だ」
- 「後ろをずっとついて来られて不快だ」
- 「聞いてもいないことをダラダラとしゃべり続けられる」

と言った、販売員のレベルとしては低いレベルの話がよく出てきます。単に、練習不足や意識の低さから引き起こされるようなことが多く、優れた販売員であれば、まずやらないようなことばかりです。これこそ、お客様を練習台にしてきた結果です。それらが、SNSなどで拡散されているのですが、販売力のある販売員たちからしたら、「よい接客はそうじゃ

ないんだよ」と言いたくてたまらないことでしょう。

逆に、接客を受けて買い物をしたいという人もたくさんいらっしゃいますが、そういう人たちは、往々にして、信頼できる販売員の存在を知っています。「この人なら、任せて大丈夫」と思える販売員がいる店を知っているのです。

「お客様を大切に」といくら唱えても、現実的に販売業界でやっているのは、お客様を練習台にしている。そういう意識を持っていては、いつまでたっても、本当の意味でお客様を大切にすることはできないし、お客様に満足していただけることもありません。

だからこそ、お客様を練習台にしない意識を強く持って、トレーニングをしたり、勉強をする時間を作るなどの行動が大切なのです。人材が不足しているという現実もあるかもしれませんが、それならそれで、ちゃんとトレーニングをするための方法はたくさんあります

でもその前に、まずは、お客様を練習台にしないという意識をしっかり持ってください。その意識を持っているだけで、目の前のお客様への対応の仕方は変わってきます。そこが、優れた販売員になるためのスタートラインなのです。

お客様は練習台ではない!

得意なことと不得意なことを知っておこう！

では、お客様を練習台にしないために、どんなことをして販売力をつければいいのでしょうか？

そのためのトレーニング方法はいくつもあるのですが、まずその前に、絶対にやっておかなければならない、大事なことがあります。それは、**自分自身の現状を把握する**ということです。

これから販売力を向上させるために、どんなトレーニングをするにしても、どんな勉強をするにしても、「何のための練習が必要なのか」を理解しておかなければ、話は前に進んでいきません。売っている商品や、あなた自身のキャリア、スキルレベルによって、どんな能力を伸ばせばいいかも変わります。つまり、やるべきトレーニングの方法も変わってしまうということです。

いくら努力を積んだとしても、その努力の方向が間違っていたら、ものすごく遠回りをしてしまうかもしれません。頑張って登っていた山が、頂上についてみたら全然違う山だった、なんてことにはなりたくありませんよね。

■得意なこと　接客の流れに沿って分析

第一印象	来店、通行のお客様のほとんどに挨拶している →お客様が声をかけやすい状態を目指して
アプローチ	商品を触っているお客様に声をかけると、接客に入りやすい →最初に商品説明をするが、ほんの少しだけにしている
ヒアリング	お客様がどんな状況で使いたいかが聞けている →そのまま提案につながる情報が得られる
提案	商品を見せる時に、6点以上必ず見せられている →セット率2.0以上取れている！
クロージング	2択にできれば、ほとんど決まる →メリットとデメリットをそれぞれ伝えている
会計＆再来店に向けて	ポイントカードの獲得が70%（店平均45%） →提案の途中で、ポイントカードの話をしている

得意としていることと、その理由が何なのかも分析してみることで、理由がはっきりして、長所を伸ばしやすくなる。
小さなことでもよいので、それぞれの流れに沿って、できていることを洗い出してみると、自信にもつながる。

ですから、自分がやるべきことを明確にするために、次のことを考えてみましょう。

■得意なこと

今の時点で、あなたが得意だと感じていることは何でしょうか？試しに、考え方の例を上図に記しますので、ぜひノートなどに書き出して洗い出してみてください。

■不得意なこと

得意だと思うことがある程度見えてきたら、次は不得意だと感じている部分について考えてみましょう。こちらも同じように、例をお出しして

■不得意なこと　接客の流れに沿って分析

第一印象	時間帯によって、表情が変わっている気がする →夕方の疲れた時間だと、お客様に避けられることが多い？
アプローチ	イヤホンをつけたお客様に接客には入れない →どう声をかければいいかがわからない？
ヒアリング	お客様のプライベートなことをあまり聞けていない →どこまで聞けばいいか、どういう聞き方をすればいいかがわからない？
提案	単価が20,000円以上の商品が売れていない →一点単価が上がると、提案するのが怖くなる？
クロージング	お客様が「悩むなぁ」と言われた時に決めきれない →クロージングワードの数が少ない？
会計＆再来店に向けて	リピートしてもらう数が少ない →満足して帰ってはもらえている気がするが、次の来店が少ない

「この部分は得意ではない」と感じることを、何となくでもいいので、洗い出してみる。
不得意としていることは、自分で気付きにくい部分も多いので、数字などのデータをもとに考えることも大切。

おきますので、ご自身のことに置き換えて、考えてみてください。

ここまでで、あなたが得意なことと、不得意なことを洗い出してみました。これを、私は「スキルの棚卸し」と呼んでいます。（在庫の棚卸しのような感覚）

この棚卸しをする大切さは、以前お世話になった上司から教わったことです。自分のスキルや知識の棚卸しをすることで、足りない部分が見える化できたり、できていると思っていたことが、実はきちんと理解できていなかったことに気づけるなど、非常に今後の仕事やトレーニングに役立ちます。研修講師となった今現在でも、私はよくこの「スキルの棚卸し」をしていますが、やはり、何ヶ月か経つと、以前と違うスキルが身についていたりします。逆に、ふだんはできていると思っていたことが、きちんと棚卸しをして考えてみると、案外理解できていなくて、また勉強し直すこともあります。

それでも、そこに気付けて、また理解を深めるチャンスが訪れるということは、とてもよいことだと思っています。後になって、間違っていることにすら気づかず、誰からも指摘をされない方がよっぽど怖いですからね。

ぜひ、今のうちから自分の能力を把握する癖を身につけてください。

スキルを棚卸しして、自分の現状を把握する

質の高いロールプレイングのやり方を知ろう！

「接客ロールプレイング」。接客販売に携わる方なら、一度は聞いたことがあると思います。これは、「ロープレ」と略されることも多いのですが、言葉の意味としては、「実際の接客を模して行なう演技」ということです。「ロール（role）＝役割」「プレイ（play）＝演じる」で、ロールプレイングです（以降は、〝接客ロープレ〟と呼ばせていただきます）。

なじみのない方のために、簡単にご説明すると、お客様役と販売員役に分かれて、実際の店での接客と同様に、接客を行なうことを指しています。全国的にも、多数の接客ロープレコンテストが開催されていて、販売員の接客力を見るためにも役立てられています。

接客ロープレは、実を言うと、ものすごく販売員から嫌われています（笑）。私も研修先で、「接客ロープレが嫌いな人はいますか？」と聞くのですが、ほぼ100％の確率で、全員の手が挙がるくらいです。正直、その気持ちはよくわかります。だって、人前で接客をするのは恥ずかしいし、相手も本物のお客様ではないし……。何より、接客ロープレをやることで、先輩や上司からダメ出しをされるのって、辛いからです。だから、嫌いになる気持ちは、よくわかるのです。

ただ、そんな私の研修は、接客ロープレが中心です。というか、ほとんど接客ロープレを中心に研修が進みます。なぜかというと、それが一番確実で、しかも早く成果につながるからです。もちろんこう言い切れるのも、私自身のお店での経験から来ています。

私はこれまで、数にして、5000回以上の接客ロープレをやってきました（今もやるので、その数は増えるばかりです）。とくに、ストレッチトレーナーとして働いていたお店では、接客ロープレをやったおかげで、売上日本一を一ヶ月目で獲得できたし、当時の部下たちも、接客ロープレを使った指導があったからこそ、売上ランキングで日本のトップ10に入れていました。それ以外の販売現場でも、接客ロープレを使うことで、たくさんの成果につながっています。それもこれもすべて、接客ロープレのおかげだと思っています。だから、ぜひあなたにも、接客ロープレを取り入れて、接客力・販売力を上げていっていただきたいのです。

こう言うと、「え〜！　あんなに辛いのやりたくないのに……」と思われるかもしれません。はい。辛い接客ロープレは、やらなくて大丈夫です。私がやってもらいたいと言っているのは、辛い接客ロープレではなくて、**「質の高い、正しい接客ロープレ」**です。

先ほどもお話ししましたが、ほとんどの販売員は、接客ロープレを嫌っています。そして、接客ロープレが成果につながるとも思っていません。でもそれは、間違った接客ロープレのやり方をやっているからなのです。

一般的に、販売員がなかなか成長しないお店では、**ダメ出しのための接客ロープレ**を行なっています。部下や後輩と、上司や先輩がロープレをやるのですが、その目的が「アプローチができていない」「お客様のニーズが全然聴けていない」といったダメ出しのために使われています。でも、接客ロープレの本来の目的は、「ダメ出しをすること」ではありません。接客ロープレはあくまでも、**「接客の練習」**のためにやるものです。実際のお客様を練習台にして、いろいろなことを試してみるのではなく、まずは、接客ロープレで練習をして、本当のお客様によい接客をすることが目的になります。ですから、そこをきちんと理解して、正しい接客ロープレをすることが大切です。

そのためには、3つのポイントがあります。

■**接客ロープレを正しく活用するためのポイント**

1 目的設定

2 キリトリ

3 ふり返り

この3つを、しっかりと意識して行なえば、接客ロープレは正しく使うことができます。

まず、**1の目的設定**。これは、何のためにやるかを理解・共有してやるということです。たとえば、「アプローチ」の練習をしたいとするなら、「アプローチのこの部分をできるようにするため」といった目的をしっかりと決め、共有してから実施することができます。目的設定がないままダラダラとやっても、何のためにやっているのかがわからないので、あまり意味がありません。

そして**2のキリトリ**。

販売員の中には、接客ロープレ＝ロープレコンテストだと思っている人が多くいます。コンテストは接客力を見るために、お客様の入店からお見送りまでを、長い時間をかけて、すべて行ないます。でも、実際にお店でやる分には、必要ありません。目的に合わせて、必要な部分だけを切り取ってやることで、よけいな時間や労力をかけずに行なうこともポイントです。アプローチのロープレなら、「入店からファーストアプローチまでの、30秒だけをやる」といった使い方です。これによって、接客ロープレの最中に、何をやっていたかを忘れてしまう、といったミスも防ぐことができます。

正しく、質の高い接客ロープレを取り入れる

ふり返りのやり方を知って、スキルアップを図ろう！

前項で、接客ロープレを正しく活用するための3つのポイントの1、2についてお伝えしました。しかし、接客ロープレで最も重要なのは、**3のふり返り**です。このふり返り（フィードバックなどとも呼ばれます）が、いかに上手くできるか、いかに上手く活用できるかで、接客ロープレの質は大きく変わってしまいます。

先にもお伝えしたように、接客ロープレが嫌われてしまう最大の要因は、「ダメ出しのためのロープレ」になっていることが多いからです。

販売員役のスタッフが接客をした内容に関して、「アプローチのタイミングが全然ダメ」「お客様のニーズが聞けていないいじゃない」「そんな商品の持ち方していたらダメだよ」と、延々とダメを出し続ける。まさにダメ出しをすることが目的にすり替わってしまっています。これでは、ダメ出しを受けたスタッフは、ただただ自信をなくして落ち込んでしまうばかりです。そんなやり方をしても、接客力・販売力の向上は見込めません。

このダメ出しのふり返りがいけない、最も大きな理由は、**改善**につながらないことです。

「これがダメ」だと言われても、自分で改善の仕方を考えられるレベルのスタッフならまだしも、ほとんどの販売員は、「じゃあ、どう改善すべきなのか」が、自分では判断することができません。接客をしている中で、無意識に行なっていることも多いので、ベテランスタッフでも、判断が難しいのです。ですから、ふり返りのやり方をきちんと知っておくことが大事なのです。

手前味噌で恐縮ですが、私の研修で接客ロープレをやると、受講してくれる方々は、皆さんとても楽しそうにやってくれます。そして、終了後は、「本当に勉強になった」「もっとロープレをやりたかった」というお声をいただくことも少なくありません。その最大の要因は、このふり返りにあります。

これから、あなたにも接客ロープレを正しく活用してもらうために、その秘訣である2つのポイントをご紹介しますね。

■ふり返りで伝えるべき2ポイント

1 よかったところ

まず、実施した接客の中で「よかったところ」、つまり、評価できる部分をふり返ります。

これは、どんなことでもいいのですが、たとえば、

「接客中、笑顔が途切れなかったのがよかったです」

「お客様が悩んでいるところへ、次の提案がスムーズにできていたのがよかったです」というように、具体的にどの部分がどうよかったのかを伝えてあげます。もちろん、接客ロープレをやる目的に合わせた内容であればベストです。

この「よかったところ」をきちんと伝えることは、実は意外と重要です。なぜなら、**〝成功体験〟**を作ることができるからです。

販売員は、自分が上手にできていることって意外とわかっていません。「スキルの棚卸し」の話もしましたが、それができていても、自分の接客中の姿を見る機会は少ないので、わからないところで、できていることもあるんです。それを知ることで、自信になったり、さらに昇華して、強みとすることができたりもします。とくに、経験の浅いスタッフに対しては、「よかったところ」を伝えて自信を深めさせることができます。接客力・販売力を上げるための練習としてロープレを使うのであれば、ダメ出しをしない意識を保つためにも、まず、「よかったところ」を伝えるようにしましょう。

2 もっとよくなるところ

そして、2つ目に「もっとよくなるところ」、つまり**〝改善点〟**を伝えてあげます。ここでのポイントは、必ず、「ではどうすればいいか?」がセットになっているということです。「これがダメでした」というふり返りをしてしまうと、「じゃあ、どうすればいいの?」という部分まで伝えることができません。しかし、「もっとよくなるところ」という見方をすると、少し変わってきます。「今できていないことをもっとよくするために、どうすればいいのか？」ということを、ふり返りをする側が考える必要が出てくるからです。そうすることで、

「アプローチのタイミングが早かったから、お客様が商品を手に取るまで待ってからアプローチをすると、もっとよくなりますよ」

「お客様がプレゼントをするお相手の方が、どんな人かを聞く前に提案に入っていたから、まずはお相手の方の情報を聞くようにすると、もっとよくなりますよ」

という、改善の仕方を含めたふり返りをすることができます。

改善の仕方がわかれば、「じゃあ、次はこうすればいいのか」と、次にやるべき行動や考え方が見えてくるので、成長の度合いも早くなるのです。

正しく接客ロープレを活用するためにも、正しいふり返りの仕方を理解して、練習に励んでください。

ふり返りでは、2つのポイントを確実にふり返ろう

1人でもできるトレーニング法を知ろう!

ここまで、接客力・販売力を向上させるための練習の代表格として、接客ロープレの活用について、くわしくお伝えをしてきました。ぜひとも、正しく接客ロープレを活用していただき、日頃の接客に活かしていただきたいと思います。

接客ロープレの最大の特徴は、相手がいるということです。お客様役という相手役がいることで、自分でも気づけない接客のよいところ・改善すべきところを知ることができます。

とはいえ、誰もがいつも、接客ロープレを活用できる環境にあるとは限りません。

場合によっては、人員不足で、なかなかロープレをやれるシフトが組めないとか、忙しい時期になると、練習をしている余裕がないなんてことも考えられます。

そういう場合は、接客ロープレができないので、「私は練習をすることができないのか」と思われるかもしれません。

でも、大丈夫です。それならそれで、自分1人だけでもできる接客トレーニングの方法を考えて実行すればいいのです。

そのための方法はやりようによっていくらでも考えられるのですが、せっかくなので、いくつかの方法をご紹介したいと思います。

■1人でもできる接客トレーニング

●メリット・デメリットピックアップ

『メリットピックアップ』という言葉を聞いたことはありますか？　簡単に言ってしまうと、「商品のメリット（よいところ、利点）が何なのかをピックアップ（拾い上げる）する」ということです。デメリットはその反対ですね。

たとえば、時計で有名なロレックスという時計があります。この時計のメリットとは何だと思いますか？　よく挙げられるのは、次のようなメリットです。

●頑丈で防水性が高い

●シンプルなデザインが多く、飽きがこない

逆にデメリットとしては、

●他にも持っている人が多いので、かぶるかもしれない

●モデルによっては、操作が難しい

などですね。

実際には、それぞれもっとあるわけですが、これらを考えて書き出してみることが大切です。メリットを事前に理解しておくことで、お客様への提案がとてもしやすくなります。そうすることによって、実際の接客時にも、スムーズに言葉に出せるようになるのです。また、デメリットをきちんと把握しておくことで、お客様が悩んでしまう場合などにも対応できるようになります。（お客様を迷わせない接客をしよう！の項を参照）。

ポイントは、「それぞれ10個ずつ書き出す」など、数を決めてから考えることです。思いつく限りを出そうとしても、2〜3個程度で止まってしまいがちなので、最初からある程度高いハードルを定めて書き出すことで、より深い部分まで考えることができます。

●接客体験

お店でなかなか接客練習の時間が取れないという人は、ふだんの生活で練習をすることをオススメしたいと思います。そのための最も効果が高い方法が、「**接客体験**」。要するに、自分自身がお客様として、お店で接客を受けるということです。

接客体験をすることは、接客力・販売力を上げるためには、絶対に必要な行動と言えます。なぜかと言うと、**〝お客様〟の気持ちを理解すること**と、**自分の持っていない技術や考え方に触れることができる**からです。

できる販売員でいるためには、常にお客様がどう感じているかを考えられなければいけません。販売員目線では、うまくやれているつもりでも、お客様が満足しているかどうかはまた別の話だからです。それを本当の意味で感じられるのは、自分がお客様になっているときなのです。ですから、実際にお客様として接客を受けることで、どんなことに喜びを感じるのか、また、どんなときに不満を持ってしまうのか、といったことを知ることも大切です。

加えて、他の販売員がどんな売り方をしているのか、どんなタイミングで話しかけているのかなどを知ることができれば、自分の接客にも生かすことができます。

ここでのポイントは、**何となく接客を受けないこと**です。学ぶために接客を受けるなら、あえてしっかりしたニーズを用意しておき、ヒアリングをしてもらうとか、あえて声をかけてもらえるように、商品を触ってみるということもやってみるとよいでしょう。そうすると、自分の学びたいことを、意図して学ぶこともできます。

もちろん、単なる学びのための相手にするのではなくて、本当にほしいと思ったら、商品を買ってみることも忘れないでください。

自分1人だけでもできるトレーニングで、成長を図る

ふり返りノートを作ろう！

ふだんから、接客力・販売力を向上させるために、キャリアなどとは関係なく、ぜひともやっていただきたいことがあります。

それは、**「ふり返りノート」**を持つことです。

呼び方は「接客ノート」でも何でもかまわないし、大きさも自由にしてもらえばいいのですが、毎日きちんと記入ができるノートがあると、接客力・販売力の向上にはとても役に立ちます。

現に私も、「ふり返りノート」はよく使っていました。ノートではなく、A４の紙にフォーマットを印刷したものを使っていたこともありましたが、いずれにしても、毎日、ふり返りをする環境づくりをしていたのです。

そうすると、今の自分に足りないものが何なのか、次にどんな目標を立てていけばいいのかなどが見える化できて、非常に成長に役立つのです。単なるメモ帳ではなく、１日を通して、成果や進捗などが確認できる「ふり返りノート」は、欠かせないアイテムと言えます。

具体的に、どんなことをふり返ればいいのかについて、図表を使ってお伝えします。

11月17日（土）		天気：晴れ	
今月の売上予算	3,000,000円	目標客単価	23,000円
日割り予算	170,000円	目標客数	140人
今日の売上	223,000円	売上累計	1,470,000円
今日の客単価	20,272円	客単価累計	18,148円
今日の客数	11人	客数累計	81人
今日のセット率	1.45	セット率累計	1.55
今日の販売点数	16点	点数累計	125点
		目標売上まで	1,530,000円

今日できたこと

- 強化商品3点販売→今月強化中の○○が、3点も販売できた！　今日は、提案の最初に必ず見せられていたのがよかったのかもしれない。
- 先日のお客様が戻ってきた→先週接客した□□様がお戻りになって、買ってくれた。
  名刺を持ってきてくれたので、今後も名刺に品番を書いてお渡しを徹底！！

改善したいこと

- 客単価アップ→今日のセット率は、1.45。目標客単価を取るには、1.7を目指さないと厳しい。
  もう1点ずつプラスできるように、明日は、見せる商品を追加しよう。
- 途中で疲れた→夕方の休憩明けくらいで、疲れが出てしまって、あまり積極的に声かけに行けなくなってしまった。今の売上だと、後半きつくなるから、明日は休憩中に少し仮眠を取って回復できるようにしよう。

●**数字**

まず、接客販売員にとって、切っても切り離せない「**数字**」です。

ここでは、「売上」「客数」「客単価」「目標まで」という数字を入れてあります。レジのシステムなどでも確認できるかもしれませんが、ノートに書き写すことで、より数字に対して強い意識を持つことができるので、ぜひ書いてみていただきたい部分です。とくに、「目標まで」というのは、「月間の目標数に対して、あとどのくらいなのか？」という数字を入れられるようになっています。これにより、ぼんやりと目標を追うのではなくて、「あといくら」「あと何人」といった明確な数字が把握でき、しっかりと目標を追うことができるようになります。

●**今日できたこと**

ここには、その日実践してみて、できたことを書き込みます。とくに目標としていたことができたら、盛大に喜びの声を書いてもいいでしょう（テンションが上がります）。同時に、ポイントとして、「なぜできたのか？」という点も入れます。その理由がはっきりしているほど、狙ってできたことになるからです。

●**改善したいこと**

これはもうシンプルです。これからもっとよくしていくために、改善したいことを書き出し、その改善策も同時に記入します。やろうと思って、できなかったことを書いてもいいし、やる時間が作れなかったといったことでもいいのです。どちらにしても、「じゃあ、それができるようにするためにはどうするか？」を考えることになるので、必ず、今日より1歩前に進むことができます。

こうして見てみると、多少面倒なことのように思えるかもしれません。でも、はっきりと断言しますが、これを3ヶ月間続ければ、あなたの売上げは絶対に伸びます。売れる販売員なら、誰もが一度はやっていることだからです。

書き方をこの通りにしなくても、きちんと自分の接客や、行動をふり返ることができるなら、何だってOKです。**「ふり返る」という習慣**を、ぜひしっかりと身につけてください。

ふり返りノートで、ふり返る習慣を作る

5章

売り続けられる力を身につけよう

〝売る力〟と〝売り続けられる力〟の違いを理解しよう！

販売員なら、ほとんどの人が、「売れるようになりたい！」と考えていることでしょう。なかには、「別に売れなくてもいい」と思っている人もいるかもしれませんが、少なくとも本書を手に取っていただいているあなたは、今よりも少しでも売上げを上げたいと思っているはずです。

接客販売は、売上げを求められる仕事でもありますから、その気持ちは持っていて当然のことだと思うし、だからこそ、本書でも、そのための方法については、ここまで多くのページを割いて語ってきました。

ですがここで、改めてあなたに、本当にできる販売員になってもらうために、お聞きしておかなければいけないことがあります。

『売れる販売員』になりたいのか、『売り続けられる販売員』になりたいのか、ということです。この2つは、一見するとあまり違いがないように見えますが、実は全然違うもので、似て非なるものなのです。

個人的な考えですが、『売れるだけの販売員』になることは、そこまで難しいことではないことのように思います。なぜなら、売るためのテクニックが、世の中には腐るほどあるからです。それらも、〝**売る力**〟と呼べるものです。

しかし、誤解を恐れずに、わかりやすく言ってしまうと、〝売る力〟というのは、商品をいかにお客様に買ってもらうかということに焦点を当てた、単なる技術でしかありません。

たとえば、実は在庫がたくさんあるのに、「限定品なので、今買っておかないと絶対に後悔しますよ！」とお客様の購買心を煽る。また、「安くなっているから買っておいたほうがいいですよ」と、価格で煽って販売をする。これもまた、売る力のひとつと言えます。このような売り方をすれば、正直言って、誰でも売ることはできます。むしろ、使う人によっては、一時的にグンと売上げが上げられることもあるでしょう。

ですが、こういった〝売る力〟ばかりを求めてしまうと、絶対にいい販売員にはなれません。決して、その売上げが、長くは続かないからです。

たとえ一時的に売上げが上げられたとしても、テクニックばかりで販売をしてしまっていたら、そのお客様が本当に満足してくれるとは限りません。テクニックばかりで売ってしまっているがために、お客様の本当の気持ちが無視されていることも少なくないからです。

結局、お客様は後になって、「あぁ、やっぱり買わなければよかった」とか、「あの販売員に煽られて買ったけれど、無駄な買い物だったんじゃないか」と思われてしまうかもしれません。そうなれば、よけいに満足度が下がってしまうこともあります。

その結果として、まずリピートしてもらえることはなく、「売り続けられる販売員」、「売り続けられるお店」ではいられなくなってしまいます。

本当に販売員として、成功を収めようと思うなら、やはり、**〝売り続けられる力〟**を求めていただきたいと思います。

それは、適切に商品の魅力を紹介できる力であり、顧客を作る力であり、お客様のためを思って接客ができる力でもあります。それらいろいろな力があって、もっとお客様に満足してもらいたいと思える力こそが、〝売り続けられる力〟だと、私は考えています。

その一時の売上げを取りたいがために、「売れる」売り方を選択してしまい、売り続けられなくなった販売員を、これまでたくさん見てきました。残念なことに、私自身もそんな売り方をして、後悔したこともあります。ですが、そうなっていることに気づくこともできなくなってしまうと、いつか必ず、痛い目を見ることになります。お客様はしだいに減り、お店の悪評は広まり、その悪評によって、新しいお客様も来なくなる。販売員として、お店としては、地獄のような状態です。

でも、「売り続ける」力をしっかりと身につけて、単なる販売テクニックだけではなく、お客様のためになること、お客様の満足につながることが提供できる販売員になれれば、きっと、日頃の行動や言動も変わってきます。「また、このお客様に来てもらいたい」と思って、接客をし続けていれば、その場限りで売上げを上げるようなテクニックではなく、じっくりと接客をして、納得して買ってもらえるような接客をするようになるのです。

それが続くことで、お客様はあなたのファンになり、店へ通い続けてくれるようになります。そうなると、毎日、新規のお客様にどうやって売るかばかりを考える必要もなくなり、自分が接客しやすいお客様ばかりで溢れ、仕事自体もとても楽になるという、好循環を作ることも可能なのです。

「どうすれば売れるか？」だけではなく、「どうすれば長くお店に来続けていただけるか？」という視点も、絶対に忘れないようにしてください。それがないと、いつか必ず、その場限りで買ってもらえればいいやという売り方をしてしまいます。このように、「接客されなければよかった」と思われるような販売員でいるよりも、「あなたに会いに来たよ」と言い続けてもらえる販売員でいたいですよね。

“売る力”よりも、“売り続けられる力”を身につけよう

もっとお客様と仲よくなろう！

さて、〝売り続けられる力〟を身につけるにあたって欠かせないのが、今以上にもっとお客様と仲よくなるという意識です。

最近接客を受けている中では、正直言って、この意識があまりない販売員が、思いの外多いように感じられます。接客を受けていても、私のことを聞いてくれることが少ないし、多少情報をこちらから出していても、それ以上深入りしてこようともしません。あなたも、接客を受けていて盛り上がったと思うようなときでも、思っているほど販売員が深入りしてこないと感じたことはないでしょうか？　ちょっとさみしいなと思うくらいなのですが、そんな販売員は増えています。

「これはなぜなんだろう？」と考えてみた結果、ひとつの結論に至りました。それは、**お客様に対しての興味**が薄い販売員が多いということです。商品を売ることや、売上げには興味があっても、お客様自身に対する興味があまりないのです。とくに、大型店や、ビッグチェーンのお店では、その傾向が強いように感じています。

私の知る限り、売り続ける販売員とそうでない販売員との、お客様に対する興味の度合いの差は、ものすごく大きな違いになっています。売り続ける力を持っている販売員は、お客様の情報をものすごくよく知っているのですが、そうでない販売員は、お客様の名前すらほとんど知らないという人が多いのです。

たとえば、「よく来てくれるお客様ってどんな人ですか？」と聞いてみると、売り続ける販売員は、「1人は、○□さんという方ですね。お仕事は広告会社でデザインをされている方なんですが、平日休みの日が多くて、季節の変わり目にはよくいらっしゃいます。その方は、デザイナーなので、仕事のときも私服でいいらしく、普段着と変わらないので、うちのお洋服をよく着てくれています。アウトドアなものが多くて、休みの日になると、車で外に出かけていて……」といったように、いつまでもそのお客様の情報が出てきます。

逆に、そんなに顧客の多くない、売り続ける力があまりない販売員だと、「よく来てくれるお客様ってどんな人ですか？」と同じ質問をしても、「えーっと……よく来てくれるお客様ですか？　あまり覚えていないですけど、顧客の方はいちおういます。名前は□△さんという方です」程度の情報に留まります。

「どんなお仕事をされている方ですか？」「どんな趣味をお持ちの方ですか？」と聞いてみても、「いや、ちょっと聞いたことがないですね」となってしまって、結局、買ってくれた商品のことくらいしか覚えていないのです。それでは、お客様との仲も、だいたい想像がつきます。

お客様に長くお店に来続けていただきたいと思うなら、もっとお客様に興味を持って接してみましょう。〝売り続けられる力〟を身につけるなら、それが第一歩です。

そのためには、まずお客様とお友達になろうというくらいの気持ちを持ってみるといいかもしれません。別に私も、「そのお客様のことを好きになりましょう」というほど、重いものを背負わせたいわけではありません。しかし、友達になろうかなと思うくらいであれば、軽い気持ちででも、お客様と接することができつつ、お客様のことを知ろうと思えるのではないでしょうか。

ちなみに私は、初めて出会うお客様とお話をするときは、必ずと言っていいほど、お客様のお名前とお仕事くらいは最低でも聞くようにしています。これは、商品提案にも欠かせないことだし、知っておくだけで、「お客様」ではなく、「〇〇様」とお名前を呼ぶこともできるので、お客様の警戒心を解くことにもつながるからです。

そうそう。この場合、いきなりお客様に「お名前を教えてもらえますか？」と聞いても、逆に警戒されてしまう恐れがあります。あなたも、初めて会う販売員から早々に、名前を教えてと言われても、「え？　何で？」と思ってしまうでしょう。

そうならないために、シンプルで簡単な方法をお伝えしておきます。それは、**自分から自己紹介**をすることです。商品の話などをしながら（私の場合なら）、「あ、私は坂本と申します。失礼ですが、お客様は何とお呼びすればよろしいでしょうか？」と、自分から名前を名乗ると、お客様も答えやすくなります。教えてもらえたら、「○○様ですね、ありがとうございます。○○様のお話ですと、こちらの商品が～」と接客を続け、そこから、お名前でお呼びしつつ、お客様のプライベートな情報を聞き出していけばOKです。

お名前だけではなく、お仕事や趣味の話などでも、「私は毎日立ち仕事なので、足が疲れやすいんですけれど、○○様はどんなお仕事をされているんですか？」

「私は、趣味でよく山登りをするんですけれど、○○様も何かご趣味とかはありますか？」

のように、自分から自己開示をすることで、お客様も、お客様自身の情報を出しやすくなります。これは、コミュニケーションの基本でもあるので、ぜひ使っていただき、お客様と仲よくなる第一歩を踏み出してください。

お客様に興味を持って、仲よくなる

また来てもらえる仕掛けをしよう!

お客様に顧客になってもらい、何度もお店に来ていただくことは、お店が存続していくためにも、販売員としての役割のためにも欠かせないことです。だからこそ、すべての販売員が、一人でも多くのお客様にリピーター（＝顧客）になってもらうために考えて、接客を続けています。

リピーターになってもらうための条件を挙げてみると、

- **商品のよさ**
- **販売員、店の感じのよさ**
- **お客様の要望に応えられるかどうか**

などの条件が、すぐに思いつくかと思います。

さらに、お客様に「またいらしてくださいね」といった声をかけることも大事だと言われています。お客様の帰り際の一言に、また来てほしいという気持ちを伝えることで、お客様の印象に残すということも大事です。

しかし、本当にそれだけで、お客様はリピートしてくれるのでしょうか。もちろん、また来てくれる方も多いでしょうが、現実問題として、他にも同じようなことをしている、もしくは同じくらいのレベルの店というのはたくさんあります。接客レベルだけで見れば、ハイレベルな販売員は、世の中にゴマンといるわけです。そんな中で各社は、ポイントカードや、その他の販促物を使っているのですが、それでもリピーターを増やすことに関しては、苦戦を強いられています。

では、どうすればお客様にまた足を運んでもらうことができるのでしょうか？

そのひとつの答えとして、私は、「**お客様の来店に動機をつける**」ことが大切なのではないかと考えています。お客様が「また来たくなる」というものではなくて、「また来なければいけない」と感じるくらいの動機づけです。そう感じたのは、これまた、私がストレッチトレーナーとして働いていたときの接客からです。

ストレッチトレーナーをしていた頃、マッサージ店のようなお店で、お客様にストレッチをするという仕事をしていました。施術の方法こそ違えど、それにより、お客様の身体の改善を図るという点では、本当にマッサージ店と同じです。そのお店で私がお客様に伝えていたことは、「また来ないと、お客様が損をしますよ」ということでした。1回ストレッチをしても、継続して通わないと、すぐに身体は元に戻ってしまうので、せっかく今日払ったお金が無駄になってしまうということを伝えていたわけです。

本当にその通りなのですが、そう言われてしまうとお客様は、「それなら、また次も来ないといけないな」と感じてくれてリピートしてくれます。これがつまり、来店動機をつけるということになります。

この仕事をしていた頃に、「そうか。お客様が来店されるための動機をつけられれば、リピートしてもらえるのか」と気づきました。これを理解してからは、恐ろしいことに、月によってはリピート率90％以上という、驚異的な数字になったこともあるくらいです。

そしてこのことは、物販店で商品を販売していたときにも、効果を発揮しました。

物販店では、マッサージ店のようにお客様に動機づけをすることが難しいと思われるかもしれません。しかし、意外とやれることはたくさんあるのです。

たとえば、私がよくやっていたのは、商品のメンテナンスです。靴を販売していた頃、お客様にはこうお伝えしていました。

「こちらの靴は革製なので、履いていくにつれて足に馴染んできますが、1ヶ月くらい経ったらまたいらしてください。そのタイミングで、足にきちんと合ってきているかどうか見させていただき、調整させてもらいますね」

調整ができるような靴だったので、本当にこの通りにお伝えしていたのですが、実際にお客様は「それなら」と、1ヶ月経ったらまた来店してくださるのです。そこで調整をさせて

いただき、今度は、

「お靴は大丈夫そうですが、革のメンテナンスはご自宅でできますか？　難しければ、3ヶ月くらいでお持ちいただけたら、私がメンテナンスさせていただきますよ」

とお伝えします。するとお客様は、「それなら」と、3ヶ月くらい経ったら、メンテナンスのために靴をお持ちくださるわけです。そうして私は、メンテナンスをしつつも、お客様との関係を作り、リピーターにしていくのです。

すると、お客様も何度かご来店されているうちに、新しい商品に興味を示されることもあるし、別のお悩みが出てきてご相談いただくことも増えてきます。それによって、次の商品を販売することができるのです。

業種や商品によって、その内容は変わってはきますが、どんな商品販売でも、お客様が、「来店しなければいけない」という動機をつけることは可能です。要は、その内容をどうするかということだけなのです。

ぜひ、あなたの接客でも、お客様に「また来なければいけない」と感じてもらえるくらいの動機づけができるようにしてください。

お客様の来店動機を作ることで、リピートしてもらう

数字に対する理解を深めよう!

〝売り続ける力〟を持つには、数字に対する理解を深めることも大切です。というか、販売という世界で生きるためには、もっと数字のことを知っておかなければいけないとすら、私は思っています。

ですが、新卒研修やフォローアップの研修などをしていると、思っている以上に、現場の販売員たちでも、数字を理解できていないことが多くあります。とくにそれを強く感じてしまうのが、売上予算を知らない販売員が多いことです。「今月の予算はいくらですか?」と聞いても、「多分、200万円くらいだったと思います」と、曖昧な答えしかできない販売員がたくさんいます。入社してお店で数年働いている販売員ですら、そうだったりするので、新人さんが知っているはずもありません。

接客販売は、ただ接客をして商品を売ればよいというものではありません。何度も言うように、売上げをきちんと上げて、会社(お店)に利益を出し、健全に運営できるようにしていくのが最大の仕事です。これだけ言うと、「売上げの話ばかりで、お客様のことを考えていない」と思われがちですが、赤字になれば、会社は存続できなくなり、お店は潰れてしまいます。そうなれば、お客様が買い物をしてくれる場所がなくなるということになってしまうのです。

ですから、本当にお客様のことを考えている人ほど、そのあたりの商売の感覚というものは持っているものです。

だから、常に現在の数字はどうなのか、目標としている数字はどうなのか、ということに関しては、意識ができていなければいけません。

先ほど、「予算はいくらですか？」という質問の話をしましたが、しっかり売っていて、お客様も多い販売員ほど、こういった数字に対してものすごくシビアです。今月の予算がいくらどころか、今週中にいくら売るのかや、今日はいくら売らなければいけないのかといった「日割り予算」と呼ばれるものまで、完璧に把握できています。なかには、時間帯のピークなども計算して、「この時間にいくら売る」という計算をしている販売員すらいます。そのくらい、数字に対しては敏感なのです。

せっかくですから、どんな販売員でも、常に把握しておいてもらいたい数字について、ここでご紹介しておきたいと思います。

■チェックしておきたい数字

●売上げ

当然ですが、一番は売上げです。今現在の売上げがいくらなのかは、把握できていなければ何の話もできません。ちなみに売上げの計算式はごぞんじでしょうか？　売上げは、

売上げ＝購買客数×平均客単価

で計算されます。これは、すべての商売で変わらない絶対的な式なので、販売員なら必ず覚えておくべきものです。

●客数

売上げに付随して、客数も同じく把握しておきたい数です。

客数にも種類がありますが、とくに購買客数（実際に購入してくれたお客様の数）は、必ず把握しておかないと、売上げの中身がわからず、客数が足りていないのか、客単価が足りていないのか、といった対策が立てられなくなります。

●客単価

こちらも同様です。客単価の高低によって、立てるべき対策も変わってきます。お客様が購入してくれている客単価が、店の平均を下回っていたら、複数点買いや高単価品の購入を促せていないということなので、自分の提案力が足りていないということがわかります。逆

に、客単価が高いのに売上が足りていなければ、客数を取れていないということです。

●予算（比）

会社によって、使われ方が異なるものではありますが、基本的に、「この売上げは上げられるようにしてね」という数字です。場合によっては、予算の上に、目標という数字がある場合もありますが、その場合は、予算は最低限取っておかないと困る売上げで、目標はそこに上乗せして、取ってもらえるとよいという数字でもあります。

いずれにしても、この予算を目安にして売上げを作っていくわけですから、販売員にとっては欠かせない数字です。現在の売上げを予算で割ることで、「予算比」と呼ばれるパーセンテージが出せるので、これを把握しておくことで、「達成まであと何％」と、大まかに把握することもできます。

ここでご紹介した数字は、あくまでも本当に販売員として最低限、理解しておかないと、課題の発見も問題解決もできなくなってしまうというレベルの数字です。いつ聞かれても、すぐに答えられるくらい、ふだんからチェックしておくようにしてください。

継続が大切な理由を理解しておこう！

4章でも、トレーニングの重要性については、細かくお伝えをさせていただきました。また、トレーニングについてだけではなく、いかにお客様に喜んでいただける接客をするか、いかにお客様に満足してもらう商品提案をしていくかは、とても重要です。

そんな接客をしていくため、そして、売上げを上げていくためにはたびたびお伝えしているように、向上するためのトレーニングや勉強が絶対に欠かせません。

しかし、本当に重要なのは、単にトレーニングをすること、勉強をすることではありません。それら、向上するための行動を、どれだけ継続してやり続けられるか、ということなのです。

私は、接客販売で結果を残すことは、実は、誰にでもできることだと考えています。しかし、それが決して簡単なことだとは、あまり言いたくはありません。

世に出ている、接客販売に関する多くの情報の中には、「こうすれば簡単に売れますよ」「こうすれば、あなたもすぐに成功できますよ」という情報が多くあります。たしかに、それはその通りだと思うことばかりなのですが、本当に成功できるのは、やはり継続してやり続けられた人だけなのです。〝売り続けられる力〟の項でもお伝えしたように、一回限り成功できたとしても、それが続けられなかったら、あなたの仕事は本当の意味で成功したとは言えないでしょう。トップクラスで販売をやり続けている人ほど、そのことをよくわかっていて、だからこそ、継続して練習や勉強をし続けています。

日本ショッピングセンター協会主催の、接客ロールプレイングコンテストというものがあります。接客ロープレコンテストとしては、日本最大級のコンテストです。

私は、この大会の全国大会に出場したことで、大きく人生が変わりました。大会に出たことで、接客について学ぶことの重要性を教わったし、今となっては、企業研修講師として数多くの企業で、接客販売の講師をさせていただくこともできています。僭越ながら、専門学校で、接客の授業までさせていただいています。

そんな大会のおかげで、これまで数多くの、トップレベルと呼ばれるような販売員の方々とお会いしてきました。どなたも、その企業で名前を知らない人はいないくらいの販売員ばかりだし、他企業にまでその名が知れ渡るくらいの実力をお持ちの方ばかりです。

その方々とお話をさせていただくたびに、みなさん、トレーニングの重要性や、勉強を続けることの大切さについておっしゃっています。

ある方は、接客コンテストで日本一を獲得されているにもかかわらず、未だに「自分は、まだまだ勉強しなければいけないんだ」と、毎日接客について考えてはメモを取り、練習をして、お客様に実践できるようにされています。接客を専門にしているプロ達が認めた人でも、そのくらい、日々熱心に学ばれているのです。

コンテストで受賞をされた方ばかりではありません。

現場でも、結果を出し続ける人にお会いすることはたびたびありますが、その方々は皆一様に、「毎日ふり返りは当たり前にやっていますよ」「お風呂に入っている間に、次の日の目標を考えています」「毎日少しずつでも本を読んで、新しい情報を仕入れるようにしています」と言われます。

少し蛇足になるかもしれませんが、私は5年ほど前から、毎日、『販売力向上講座メールマガジン』というメールマガジンを配信しています。接客販売に関するメールマガジンで、1日だいたい平均して、1000文字程度の配信をし続けています。まだ、現役の販売員だった頃にスタートして、5年以上の間、1日も休んだことがありません。

このメールマガジンも、始めた当初は、接客で学んだことや気づいたことなどを、整理してふり返るために始めました。今となっては、このメールマガジンを読んでからお仕事の依頼をいただくことも多くなってきたので、とても助かっています。

ふり返りノートの話でも触れましたが、こうして、継続して学ぶ機会や、ふり返る機会を作っていたからこそ、今の自分があると思っています。販売を始めたばかりの頃は、全然売れなくてひどい有様だった私ですら、継続し続けてきたおかげで、接客販売の講師として新たな売れる販売員を育てることができるくらいにまで成長できたのです。私のことを昔からよく知る家族や友人たちは、全員が信じられないと驚いているほどです。

だから、あなたにそれができないはずがないのではないか、と思います。

何も、大層なことをやってほしいと言っているわけではありません。1日にほんの少しずつでも構わないのです。ちょっとずつでも練習する。ちょっとずつでもふり返りをしてみる。やったりやらなかったりではなくて、歯磨きをするのと同じくらいに、1日に1分ずつでも、毎日向上のために何かをする習慣を身につけてみましょう。筋トレのようなもので、その積み重ねが、あなたの販売力を作り上げていきます。

それができるようになれば、絶対にあなたも結果を残せる販売員になれます。まずは、10日間、1ヶ月間などと目安を作って、継続する習慣を身につけてください。

継続して学ぶ力を身につければ、あなたは最強

絶対に協力者を作ろう！

販売員として、お店で働いているということは、まわりにたくさんの協力者がいるはずです。それは、お店で一緒に働く同じ販売員だったり、店長だったり、本社の誰かかもしれません。もしかすると、配送を担ってくれている業者さんかもしれません。

本当にできる販売員として、お客様に愛し続けてもらうためには、そういったまわりの人たちとの連携が欠かせません。ここで、協力者を作れない販売員は、どこかでお客様から見放されてしまうことでしょう。

たとえば、こんな販売員がいました。

お客様を接客する能力がとても高く、販売もとてもスムーズにできる販売員。その方は、ある期間の間は、たしかに大きな売上げを上げていました。

しかし、とても残念だったのは、周囲の人たちに対して、「私より売れないでしょ」という見下した態度で接してしまっていたのです。ときには、店の売上が上がらないことに対して、「売っているのは、私だけですよね。他の人たちは何をしているんですか」と、店長に進言してしまうくらいでした。

当然、一緒に働いている同僚たちは面白くありません。ふだんからそんな態度で接してこられるので、しだいにその人のことを嫌い始める人も増えてきました。

その結果、何が起きたかというと、その人が接客をしていたときに来店される、その人の顧客を、まわりの販売員たちが、雑に扱い始めたのです。

売上げを上げている販売員だったので、顧客も多かったのですが、その分、お客様同士がバッティングするタイミングも増えてきて、お待たせしてしまうこともありました。そんなときに、他の販売員たちはフォローをしなくなり、顧客だったお客様をお待たせする時間が増えたり、不快な思いをさせてしまうことが増えていったのです。言うまでもなく、お客様は徐々に減り始めます。

その販売員は、周囲の人たちに「きちんとフォローして！」と伝えるものの、もう後の祭りです。誰も協力者がいない状態になっていたので、お客様はどんどん減っていき、同僚たちとの関係もさらに悪化して、そのお店を後にすることになりました。

決して脅したいわけではないのですが、この話は、実際にあるショップで起こったお話です。

販売員としては、ゾッとするような話ですが、まわりとの関係が作れていないと、本当にこんなことが起こってしまいます。どれだけ売上げを上げられる販売員でも、まわりを敵だらけにしてしまってはいけないのです。

本当にできる販売員ほど、お客様だけではなく、周囲の人たちとの関係づくりも忘れません。まわりの人たちが困っていたら、喜んで協力してあげるし、新人さんには丁寧にアドバイスを送り、忙しい上司には、仕事をさりげなく手伝ってあげたり、暇を見つけては、話す時間を作るなどの行動を欠かさないのです。

それはもちろん、計算から来る行動ではなく、一緒に働く仲間たちへの気遣いから来るものです。

ですが、そんな行ないが、いざ自分自身が困ったとき、忙しいときに返ってきます。

ふだんから、その人に協力してもらっていた同僚たちが、お客様がバッティングしてしまったら、フォローに回ってくれるし、少しでもお客様をお待たせしないように、その人が商品を取りに行こうとするのを、代わりに行ってくれたりします。

また、どう動けばいいかわからないときには、上司が助けてくれるでしょうし、仕事が増えて手が回らなくなってしまったら、「私が手伝いますよ」とヘルプに入ってくれる人も現われます。できる人ほど、周囲にたくさんの協力してくれる人がいて、自然と助けてくれるのです。

業者さんに対しても同じです。

納品の商品や、配送をしてくれる業者さんに対して、さも「お金を払って使ってやっているんだから」と言わんばかりに、偉そうな態度をとる人がいますが、そういう人は、いざ困ったときに、誰も助けてくれません。「ミスがあって、明日までに送らないといけない！」という困ったときでも、日頃の行ないのせいで、「**いやぁ、無理ですね**」と断られてしまいます。

そうではなく、ふだんも業者さんに対して、「いつもありがとうございます！」「暑い中すみません、助かります」など、声をかけて関係を作れていれば、本当に困ったときに、「○○さんの頼みなら、何とかしますよ」と協力を惜しまない人も出てきてくれます。

同僚であれ、取引先の業者さんであれ、相手は常にお客様同様、「**人**」なのです。

誰だって、よい関係を築けている人に対しては、よくしようと思うし、そうでなければ、協力なんてしたくないと思ってしまうことでしょう。たとえ仕事だとしても、感情を持っている人なのですから、仕方がありません。

そんな場面で、どう助けてもらえるか、どんな協力者がいるかは、日頃の行動で決まります。ふだんから、協力者を増やすような行動を取っておきましょう。

お客様だけでなく、周囲の人たちとの関係づくりも欠かさない

周りの人に意識を高めてもらおう！

販売力を上げていくためには、継続が欠かせませんというお話は、すでにさせていただきました。日々、練習や勉強をしていくことで、販売力は向上していくからです。

それと同時に、売上げを上げるためにも、継続は欠かせないものとなります。

日々、今現在の進捗がどうかは確認していかなければいけないし、お客様を接客するのだって、終わりがあるものではありません。今日が終われば、また明日がやってきます。

ただこれは、販売員にとっては、なかなか辛いものでもあります。

売上げにこだわる以上は、毎日数字と向き合う必要も出てきます。今日がよくても、明日も同じようによい結果が残せるとは限りません。残りの日数で計算して、予算達成までギリギリというときは、本当に心底ヒリヒリした状態で、店頭に立つことだってあります。

こうなってくると、いくら意識の高い販売員だって、疲れてしまって心が折れそうになることがあります。私、もその気持ちはよくわかります。

ある会社に入った頃、業界に入って初めての月で、売上日本一が見えてきたことがありました。最初から、そうなるように努力を重ねていたので、その状況自体は望むところではあったのですが、内心、毎日本当にしんどい思いをしていました。その日売上げを上げることができても、次の日にはまた、お客様を接客して売上げを上げなければいけない。1日でも数字を落としてしまえば、目標としていた日本一の売上げには届かなくなってしまいます。夢で何度も数字と戦っている夢を見てしまうくらいだったので、気持ちは折れる寸前だったのではないか、と今でも思います。

ですが、そんな私が折れずに最後までやり切れたのも、周りにいた上司や同僚といった仲間たちのおかげでした。

実は、もともと早い段階で売上げが上がってきていたので、私は周りの人たちに目標を宣言していました。「売上日本一を取って、この店を有名にする」と宣言したのです。

周囲のスタッフたちは、上司を含めて、その目標に賛同してくれ、本当にしんどいと思うようなときでさえ、フォローしてくれると同時に、発破をかけてくれたり、応援してくれていたのです。そのおかげもあり、月の後半、精神的に辛い状況でも、前を向いて仕事に取り組むことができ、結果無事に、月間売上日本一を獲得、その店の名前を知らしめることができました。それもこれも、周りの仲間たちが、私の意識を高めてくれたからです。

少し話は変わりますが、私がとてもお世話になっている、ある若手のコンビニオーナーがいます。年齢は、私よりも少し下なのですが、何店舗もFCコンビニエンスストアを経営していて、とてつもない売上げを叩き出している方です。

その彼は、本当に周りに、意識を高めてくれるような協力者を作るのがうまい、と感じさせます。

たとえば、「今月のこのセールでは日本一を目指す」というようなことを公言して、アルバイトスタッフをはじめ、周りの人たちに、しっかり接客をしてもらえるように協力を依頼しています。

これは、スタッフだけではなく、ビジネス上の付き合いがある人たちも含めてです。そうすることで、自分自身の意識を高めていくのです。そして、オーナー自らも店頭の最前線で接客し、お客様にどんどん販売をしていきます。その姿を間近で見た周囲の人たちは、「ここまで本気なら」と、協力したくなってしまうわけです。

結果として、彼は、某大手コンビニチェーンで、数え切れないほどの受賞歴を持っています。これもまた、周りの人に協力してもらって意識を高め、結果を出していくための、ひとつのあり方だと思います。

たしかに、数字を追いかけていくことは、生半可な気持ちではなかなかできることではありません。あとほんの少し頑張れば届くようなことでも、そのもう少しができなかった、ということは誰しもが経験することではないでしょうか。ですが、そこに意識を高めてくれる仲間がいれば、話は変わってきます。できなかったはずのもう少しが、応援のおかげでできるようになることだってあるのです。

場合によっては、仕事の都合で売上げを取ることが難しい状況にあったとしても、周囲の人たちが、「それなら私が代わりますよ」と、協力してくれることすらあります。その代わってくれた数時間が生まれたおかげで、予算が達成できたということも、決して珍しい話ではありません。もちろん、売上げだけの話ではなくて、トレーニングの継続など、成長のための行動でも同じです。

私のように、自分自身がメンタル的にあまり強くなく、逃げ出してしまいたくなるというような人ほど、周囲にあえて宣言をするなどして、意識を高めてもらえる環境を作ると、辛くなったときも、誰かが声をかけてくれます。それによって、成果につながるのであれば、やらない方が損をしてしまいます。

ぜひ、周囲の人に意識を高めてもらえるような環境づくりをして、成果を追い続けられるようにしていきましょう。

まわりの仲間たちに、意識を高めてもらえる環境を作る

勝手にライバルを作ろう！

個人的に、成長をしていくためには、**ライバル**を作ることが、とても大きなポイントになるのではないかと思っています。

決して、「敵」を作るということではなく、「**競争相手**」を作るという意味での話です。

幸いにと言うか、私がこれまで働いてきたお店では、必ずライバルがいました。正確には、私が勝手に「この人をライバルにしよう」と決めていただけなのですが、そのときの自分と同等よりも、少し上回っているような人をライバルにしていたのです。売上げだけのことではなくて、接客力だったり、自分にできないことができているような人が対象でした。20歳前後の頃は、同じくらいの年代の人をライバルだとしていたこともあります。

しかし、これがかなりの効果を持っていました。というのも、そのライバルと決めたスタッフが成果を出したり、何か成し遂げるたびに、「負けてはいられない」と、自分自身も発奮することができていたからです。

最初のライバルは、19歳のとき、大型アパレルショップで販売をしていた頃に、一緒に働いていたスタッフでした。男性スタッフだったのですが、年が私と同じ19歳で、お店に入った時期は、私よりも数ヶ月早かったスタッフです（だから、厳密には少し先輩だったのです）。

その彼が、お客様を接客していて、セット販売（複数点販売）を決めたら、私も負けじと、セットで購入してもらえるように、提案の仕方を考えました。そうすることによって、商品の見せ方を学び、売上げを上げることができるようになり始めたのです。

もちろん、その彼に対して、「あなたがライバルです」ということは、言うことはありませんが、内心では、「負けていられない」とずっと思っていました。

ストレッチトレーナーをやっていた頃は、まったく会ったこともない、顔も知らない他のお店の女性スタッフの方を、勝手にライバルにしていました。これは、会社のシステムで、売上ランキングが見られるようになっていて、そのとき、日本一の売上げを上げていたのがその方であることを知ったからです。

全然違うお店で働いている方で、会う機会もそうそうないので、実際にどんな接客をしているのかなどは、その時は知る由もありませんでしたが（後に出会った）、その方の売上げが上がるたびに、「何とか食いついていこう」と、必死に勉強をしたものです。

勝手にライバルを作るということは、誰にとってもよい効果を生むのではないかと思っています。何も競争心を煽りたいわけではありませんが、自分にできないことができる人や、売上げを上げられるような人が身近にいると、刺激をもらえることがあるからです。
その相手が、結果を残せば残すほど、「自分もがんばらなくては！」と気持ちを持ち直すことができます。もちろん、相手に対して、嫉妬心などを持つ必要はありません。たとえ相手が結果を出しても、自分の中で「もっとがんばろう」と思うだけで、仲よく一緒に働いてもらえばいいのです。

勝手にライバルを作る相手として、好条件な人は次のような人です。

- **売上げが自分よりも少し多い人**
- **接客が自分よりも少し上手だと思う人**
- **顧客の数が、自分よりも少し多い人**
- **できれば、キャリアが自分と近い人**

こういう人たちを、ライバルにすると、より成長が見込めます。ポイントは、自分よりも少しだけ何かで上回っているような人を選ぶことです。見下すようなことをしてはいけませんが、客観的に考えて、自分よりもできないと思うような人をライバルにすると、「自分が優っている」などと慢心してしまって、逆に成長しにくくなってしまいます。キャリアが自分よりもはるかに短いような人をライバルにしても、それは当然、自分が有利になってしまいます。

逆に、あまりにも自分とレベルがかけ離れて高いと感じるような人も、「何をやっても追いつけそうにない」と諦めてしまいがちです。これらのような状態にならないためにも、少しだけ上回る相手を選ぶというのがポイントなのです。

もし、この「勝手にライバルづくり」をしていなかったら、多分私は、あまり成長ができていなくて、結果を残すことができなかったのではないか、とさえ思っています。それくらい、よきライバルと切磋琢磨することは、大事なことなのです。

ライバルづくりに関しては、人によって向き不向きもあることなので、絶対にやっていただきたいとは言いません。しかし、向いていると思うのならば、ぜひ、身近によきライバルを見つけていただき、「自分もがんばろう」と意識を高められるようにしていただければ、きっと成長できるはずです。

身近な人を勝手にライバルにして、切磋琢磨しよう

販売という仕事の価値を感じよう！

ここまで、あなたに商品を売っていただくための方法を、長くお伝えしてきました。

何度もお伝えしているように、私はこれらの売り方で、洋服、時計、靴、そして、ストレッチの施術（回数券も）など、数多くの商品を販売してきました。それらすべてに共通して通用する売り方だし、確実にマスターすることができれば、他のどんな商品でも売れることは間違いないと、私は考えています。

いわゆる「接客本」としては、少しハードな内容になっているかもしれませんが、だからこそ、ぜひ何度でもご覧いただき、一歩ずつでいいので、前に進んでいただけたらうれしいです。

そして最後に、商品を販売するという仕事を選んでいるあなたに、どうしても知っておいていただきたいことがあります。それは、「販売」という仕事の価値についてです。

昨今、販売という仕事は、以前と比べて、選ぶ人が減っている傾向にあります。昔は、アパレル販売員などの「カリスマ販売員」といった人たちがテレビなどによく出ていた影響もあって、とても華やかなイメージがある業界でしたが、今はどちらかというと、「休めない」

「接客は大変そう」といったイメージが強くなっているのでしょう。それに加えて、「モンスタークレーマー」といった言葉も生まれ、接客販売業自体を選ぶ人も減っているように感じます。

現場で販売の仕事をしている人たちは、人手不足になっている、その現場をよくごぞんじでしょうから、「私もこのままでいいのかな」「僕は、ここでずっとやっていけるのだろうか？」と思っている人もいるかもしれません。

ですが、販売という仕事には、**とても大きな価値がある**、と私は思っています。

世の中の大半の商品は、その魅力を、買ってくれるお客様に対してきちんと伝えられていないことがほとんどです。

たとえば、家電製品でも、使い方を100％知っているという人は少なく、ほとんどの人は、「そんな機能があったなら、早く知りたかったのに」といった経験をしているのではないでしょうか。それは、商品の魅力が伝わっていないのと、イコールと言えます。

しかし、そんな魅力を伝えられるのが、販売という仕事なのです。

以前お会いしたある経営者の方が、こんなことをおっしゃっていました。

「商品の『作り手』であるメーカーと、商品の『買い手』であるお客様。ウチの店のスタッフたちは、その間で商品の魅力を伝える『伝え手』なんです」と。

私もその言葉を聞いたとき、本当に販売員として誇らしい気持ちになったし、これからもそんな気持ちで、商品を世に広めてくれる販売業の人を増やしていきたいと思いました。

たしかに、販売という世界で生きていくには、いろいろな障壁があるかもしれません。休みが取りにくい現状があったり、お給料が少々低いといった現実もあるでしょう。

ただ、少しずつではあるものの、業界もこのままではいけないと気づき、変わってきはじめているのも事実です。年間休日を増やしたり、有休消化を確実に取れるようにしたり、お給料も、最近では1000万円プレイヤーを作ろうという動きも出てきました。徐々にではありますが、販売という世界の未来は明るくなっているのではないかと思っています。

しかし、そのためにも、まずは販売をしている人たちが、たくさんのお客様に愛され、売上げをあげられる実力を作っていく必要があります。

多くのお客様に、商品のことをきちんと知っていただいて買っていただく。シンプルなことではありますが、その数が増えれば増えるほど、お店の売上げ、会社の売上げは上がり、スタッフの待遇もよくなっていきます。

私自身、販売員として働いていて、数字にこだわった結果、2年足らずで、お給料が2倍近くまで上昇した経験があります。自分が売上げを上げられるスタッフになれたからこそ、店長や会社との交渉もできたのです。いろいろな職務を経験できたのも、そのおかげです。

そんな私だって、最初はやはり、売れないダメな販売員でした。

しかし、月の予算の半分すら取れない、一緒に入った同世代のスタッフにも敵わない、自分自身にその気もない、それ以前に、学生時代からまともに学校に通う根性すらなくて、ほとんど休んで遊びに行っていたような私でも、販売に関わる仕事で今は食べています。

だから、今この本を手に取って学ぼうとしているあなたに、できないはずがありません。

販売という仕事は幸せな仕事です。お客様に直接、「ありがとう」を眼の前で言っていただける、とても楽しい仕事です。しかし、それだけでやっていけるほど甘いものではありません。だからこそ、今より少しでも技術や知識を身につけて、今より少しでも、お客様を満足させようという気持ちを忘れてはいけません。それが、きっとあなたの販売人生を豊かにしてくれます。

あなたは、価値ある仕事を選びました。「販売」という仕事を選んだ自分に誇りを持って、今日も店頭に立ってください。

販売という仕事の価値を感じて、今日も学ぼう

おわりに

販売員がお客様に本当に販売すべきもの。

それは、単なる「商品そのもの」ではなく、お客様がその商品を手に入れて得られる「未来」です。

これさえお客様にしっかりと伝えることができれば、どんな商品でも売れるというのは、過去に売ってきた、今現在も売り続けている販売員たちを見れば一目瞭然です。

どんなお店でも、売り続けている販売員たちは、常にお客様に、商品を購入した後の「未来」を明確に提示しています。

すべての販売員の仕事は、この「未来」をお客様のニーズに合わせて、適切に提案すること。それができれば、売れない商品などはないとさえ思っています。

接客販売の現場は、この10年ほどで大きく様変わりしました。

ネットの普及で、お客様の買い方は変わり、また、感覚そのものも変わりました。だからこそ今、店頭に立つ販売員たちは、みんなそれぞれに悩みを抱えています。これから先、販売員としてやっていけるのか、不安に思う人もいることでしょう。

しかしそれも、本質さえブレなければ何も問題はありません。

販売員としての役割をきちんと務められさえすれば、どれだけ買い方やお客様の感覚が変わったとしても、求められるのが販売員なのです。

そして何より、お客様と店頭で商品について語り合って、お互いに笑い合って、お客様のよりよい未来の実現のお手伝いができて、買った商品の感想や、「よい接客してくれてありがとう」と声をかけていただける。

こんなにうれしくて楽しい瞬間を味わえる接客販売という仕事をしている自分自身を、もっと愛していただきたいと思います。

私は20代のある時期、家庭や金銭的な都合があって、販売現場を離れて、工場勤務をしていたことがあります。

毎日仕事ができて、お金ももらえて、決して悪い生活ではなかったのですが、一度味わってしまった接客販売の楽しさを忘れることができずに、結局、販売の世界に戻りました。

目の前のお客様に感謝される、喜んでいただける仕事というのが、どれだけ素敵なことなのかを改めて感じたからです。

そして、そんな思いをたくさんの販売員の方に味わっていただきたいと思っています。

この本が、多くの販売員の方にとって、その一助になれば、こんなにありがたいことはありません。


今回、この本を書くにあたって、多くの方々のサポートをいただきました。

地方の一販売員だった私が、本を書かせていただくなど、本当に光栄な話なのですが、これもすべて、私の人生に携わっていただいた方々のおかげであり、これまで接客させてもらってきたお客様のおかげだと思っています。


仕事や人生について、多くのことを教えてくれた元上司の雑賀さん。独立後、いろんな無理を受け入れてくださった、株式会社ＴａｉｔａＮの八木さん。

そして、出版の機会を与えていただいた、同文舘出版の古市達彦編集長、講師としての師匠でもある、ねぎらいカンパニーの兼重日奈子先生には、とくに感謝をお伝えしたいと思います。

この場をお借りして、お礼をさせてください。本当にありがとうございます。

最後に、いつも数え切れないサポートをしてくれる妻と、生まれたばかりの息子にも。

「販売員がもっと楽しく、気持ちよく働ける社会を目指して」

kocori　坂本りゅういち

著者略歴

坂本りゅういち（さかもと　りゅういち）

接客販売トレーニング＆コンサルティング事務所 kocori（ここり）代表。

日本 SC 協会 SC 接客マイスター 1 級、第 16 回 SC 接客ロールプレイングコンテスト全国大会優秀賞、日本橋三越婦人雑貨部接客ロールプレイングコンテスト優勝。

両親の経営する和食料理屋で生まれ育ち、幼い頃より家業を手伝いながら接客を学ぶ。大手アパレルファッションブランドで接客販売業に携わって以来、洋服・時計・靴・パーソナルストレッチジムまで、あらゆる業態において、さまざまな商品販売を経験。多数の個人売上・店舗売上の全国 No.1 獲得の実績を持つ。

現在は、アパレル、雑貨、時計、リラクゼーション・ディーラーなど、商品ジャンルを問わず、接客販売についての研修を行なっており、そのたしかな指導力と愛あるフィードバックは、参加者からの絶大な信頼を集めている。日刊メールマガジン『販売力向上講座メールマガジン』、ブログ『販売力向上講座』を配信。月間述べ 6 万人以上の読者に読まれており、ビジネス専門誌『月刊商業界』等へも寄稿。SC 接客ロールプレイング全国大会ではコーディネーターとしてトークセッションに登壇を続け、ファッション専門学校での接客販売授業の講師を務めるなど、活躍の場を広げている。

「接客販売とは、お客様に未来を買っていただくこと」が信条。

買った後を想像させれば　誰でもこんなに売れる！

2020 年 4 月 28 日　初版発行

著　者 —— 坂本りゅういち

発行者 —— 中島治久

発行所 —— 同文舘出版株式会社

東京都千代田区神田神保町 1-41　〒 101-0051
電話　営業 03（3294）1801　編集 03（3294）1802
振替 00100-8-42935
http://www.dobunkan.co.jp/

ISBN978-4-495-54056-2
印刷／製本：萩原印刷
Printed in Japan 2020

□販売力向上講座メールマガジン
https://www.mag2.com/m/0001643664.html
□有料版メールマガジン　販売力向上講座 NEXT
https://www.mag2.com/m/0001682012.html
□ブログ販売力向上講座
https://s-hanbai.com